U0867101

宋词是一杯清酒 8

欧阳修词传

杜馨/著

时事出版社

图书在版编目(CIP)数据

宋词是一杯清酒.8,欧阳修词传 / 杜馨著.—北京:时事出版社,2015.8

ISBN 978-7-80232-867-9

Ⅰ.①宋… Ⅱ.①杜… Ⅲ.①欧阳修(1007～1072)-传记 ②欧阳修(1007～1072)-宋词-诗歌欣赏 Ⅳ.①K825.6 ②I207.23

中国版本图书馆 CIP 数据核字(2015)第152632号

出版发行:时事出版社
地　　址:北京市海淀区万寿寺甲2号
邮　　编:100081
发行热线:(010)88547590　88547591
读者服务部:(010)88547595
传　　真:(010)88547592
电子邮箱:shishichubanshe@sina.com
网　　址:www.shishishe.com
印　　刷:北京建泰印刷有限公司

开本:880×1230　1/32　印张:8　字数:165千字
2015年8月第1版　2015年8月第1次印刷
定价:29.80元
(如有印装质量问题,请与本社发行部联系调换)

序言

世间最美的事物莫过于诗、酒与月光。诗酒趁年华，无论是以诗吟酒还是酒助诗兴，都不失为人间乐事。不过千年之前，却有位白衣秀士轻声微叹，一语道破玄机："醉翁之意不在酒，在乎山水之间也。"

孩童时，他经历丧父至痛，也尝尽清贫之苦。少年时，他磨炼出生花妙笔，也怀揣向善之心。青年时，他面对仕途起落，也聆听灵魂杂音。老年时，他重拾纯净初心，也笑对世事坎坷。终其一生，他在宦海沉沉浮浮，却在文坛冉冉升起。

彼时风气，文人们往往习惯于将文章写得生僻难懂，他却独独相反。为文，他主张自然；为政，他主张宽简；为人生，他主张轻松慵懒。

他是北宋文坛的领袖，是宋代散文的奠基人。在他的笔下，无论是描绘风光、追忆友人还是针砭时弊、反思历史，都可以深入浅出，文风平实而直指人心。他一生共有五百余篇散文，各体兼备，无论是政论文、史论文还是记事文、抒情文和笔记文等，都写得出神入化。苏轼评其文时说："论大道似韩愈，论事似陆贽，纪事似司马迁，诗赋似李白。"

词文之巅峰，落在北宋。而北宋有五人的光辉，都是被同一人所拾起，他就是欧阳修。身为一代文宗，他不仅自己留下传世名作，还为中国文学史留下了几颗明珠——王安石、曾巩以及名满天下的"三苏"。

他是最珍贵的“千古伯乐”，他是平易文风的开拓者，他是抵抗庸俗的“抗体”，他是最清醒的醉翁。“藏书一万卷，集录三代以来金石遗文一千卷，有琴一张，有棋一局，而常置酒一壶”，在千年之前，这是欧阳修的生活，也是他的信仰。千年之后，我们牢牢记得他“君子之修身也，内正其身，外正其容”的警句，并依旧在他引领、开创的宋代文风之中，陶醉徜徉。

目录 CONTENTS

第一章

童年·寒门才子初长成

第一节

惊起沙禽掠岸飞

推开历史的大门，向前，再向前，我们看到了一座院子。院子不大，外面是灰色的墙，里面有大小几间屋子，上面覆盖着绿色的瓦片。院子里种着几棵树，风起时，树冠轻轻晃动，给院子添了几许生机。

这里是绵州（今四川省绵阳市）边一座贫穷的小县城，院子的主人是这里的推官——欧阳观。时值北宋景德四年（1007年）。此时，欧阳观正焦急地站在一间房屋的门外，双手紧握在一起，双唇紧闭，眼睛一直注视着屋子的门口，仿佛想要一眼看穿屋内的情形。随他一起站在屋外的几名仆人也都面露焦急之色，所有人都深知，今天对于欧阳家来说是一个特殊的日子。

屋内，是欧阳观的妻子郑氏，以及即将出生的孩子。屋门紧闭，却挡不住屋内的呻吟声和叫喊声。那声音不断地传到院子里，传进欧阳观的耳中，刺激着他的心。有几次，欧阳观都忍不住想要冲入屋内。为了让自己冷静下来，他只得在门口来回地踱步。

此时的欧阳观已经五十六岁，虽然他与郑氏曾有过一个孩子，可惜那孩子命薄，不满周岁便夭折了，这对他们二人来说无疑是一个巨大的打击。如今，郑氏再度有孕，欧阳观的心中又燃起了希望，他一边祈祷着母子平安，一边暗暗希望妻子能够为欧阳家添一名男丁。

突然，屋内响起婴儿响亮的啼哭声，欧阳观精神一振，急忙推门而入。一个小小的男婴正挥舞着手臂闭眼大哭，旁边产床上疲惫不堪的妻子向他露出了虚弱的笑容，他终于松了一口气。后来，他给这个孩子起名为欧阳修，表字永叔，希望这个孩子长大后能修身养性、福寿绵长。

家中有了小孩子，气氛便热闹了许多。孩子的哭声、笑声和叫声都让欧阳观和郑氏的心中感到无比充实。小孩子的成长总是惊人的快，转眼之间，欧阳修已学会了说话和走路。当他用稚嫩的声音呼喊着，晃晃悠悠地向父母走去，然后扑到他们怀中时，欧阳观和郑氏感到了满心的幸福。

欧阳修四岁那年，欧阳观被任命为泰州判官，于是他带着全家迁往了泰州。欧阳观为人严谨、处事严格，为了避免造成冤假错案，他对每个案件都仔细推敲。一个深夜，郑氏见他对着案卷叹气，便抱着欧阳修走到他身边，轻声询问他是否遇到了烦心事。欧阳观说，他研究了这个案件的所有细节，也没发现任何漏洞，看来这名死刑犯确实没有生还的机会了。

当时的欧阳修还很小，自然听不懂父亲话中的意思，也看不懂父亲眼中的遗憾。然而，欧阳观的这种心性却遗传给了他，所以他当官之后，也一如他的父亲——爱民如子，谨慎为人。

然而，到达泰州不久后，欧阳观便染上了重病，不治身亡。郑氏一手抱着仅仅三个月的女儿，一手牵着刚刚四岁的儿子，心中无限悲痛和愁苦。欧阳观一生清廉，家中既没有什么积蓄，也没有土地房产。如今，他撒手人寰，家中没了经济来源，郑氏要如何带大这两个幼小的孩子呢？

在当时，身为妇人，只能做奶娘、厨娘之类下人的工作，且不说郑氏出身没落望族，做不了粗活，关键是两个孩子都太小，若是她出门干活，孩子们又要怎么办？思前想后，郑氏决定带着两个孩子投靠他们在湖北的叔叔欧阳晔。

欧阳晔非常疼爱两个孩子，非常想尽其所能照顾好兄长的一双儿女和遗孀，无奈他只是一名小小的地方官，没有太多俸禄，所以常常心有余而力不足。郑氏明白欧阳晔的难处，她对小叔的收留非常感激，于是主动分担起家务，一家人倒也过得很和睦。

郑氏出身大户人家，知书达理，性情温婉且坚强。生活安定下来之后，她便开始教欧阳修识字。她知道，欧阳修是丈夫血脉的延续，也是欧阳家的希望，自己一定要好好教育这个孩子，让他长大成人，有所作为，光耀门楣。

富贵人家的孩子识字，有先生，有书本，有书桌，有笔墨纸砚。这些，欧阳修都没有。他有的只是亲切耐心的母亲、一支荻秆和一片沙地。但他从不感到委屈，反而很喜欢这样宽阔随性的学习环境。

每到傍晚时分，郑氏都会将欧阳修带到那片沙地边。她一手抱着尚在襁褓中的女儿，一手缓慢地用荻秆在沙地上写下一个字，然后耐心地给欧阳修讲解字的意思，并带着他读。欧阳修十分聪慧，字的读音和意思，他听过之后便不会忘记，而字的样子，他看了一阵之后便能牢牢记住。

郑氏见欧阳修记住了地上的字，便轻轻擦去，再写下新的字，继续教他识字。就在这样的一画一抹中，欧阳修认识了许多字。他也开始拿着一支荻秆，学着母亲的样子一笔一画地在沙地上练写字。虽然不如在纸上写得方便省力，却也多了一份乐趣。

路过的人看到这样的场景，总会不由得感叹这对母子的辛苦，而当他们发现欧阳修惊人的记忆力和理解力后，更是不由得对这个瘦小的孩子竖立了大拇指。

欧阳修毕竟还是个孩子，所以郑氏对他的教育并没有操之过急，教了一会儿，便给他一些玩耍的时间。她抱着女儿，看着欧阳修在沙地上堆起小山，挖出河流，口中还不时地念着刚刚学到的字，她的心中满是喜悦和欣慰。她想，儿子这般聪明懂事，又爱学，长大之后，一定可以有一番作为。

欧阳修一天天长大了，识字这样简单的事情已经不能够满足他了，他对书籍的渴望越来越强烈。看到儿子那么喜爱读书，郑氏既喜悦，又忧伤。喜悦的是，儿子继承了丈夫对文学的喜爱；忧伤的是，家中实在没有多余的钱可以为他购买书籍。

幸好，当地有不少好心的读书人，见欧阳修勤奋好学，都十分欣赏和怜爱他，愿意将自己的书籍借给他阅读。如此一来，欧阳修便有机会接触到许多经典文章和诗词。不过，欧阳修并不满足于此，遇到喜欢的书，他便一边阅读，一边抄写，书抄完之后，他也记住了书中全部的内容。

欧阳修的文学底蕴就是在这样的过程中慢慢积累起来的。抄写的书籍越多，他记下的名篇佳句就越多，这些优美的文字进入了他的大脑，扎根在他的心田。随着接触的文学知识越来越多，他创作的渴望也变得更强烈了。

第二节

晴日催花暖欲然

夏日里，缤纷的花盛开了，欧阳修心中仿佛也生长出一朵小小的花苞，它渴望成长、渴望绽放，所以它需要更多的阳光、更多的水分、更多的营养。此时，欧阳修对文学的感情，已经从好奇转变为喜爱，他喜欢细品那些名篇佳作中的一字一句，汲取其中的精华，滋养自己的内心。

玩耍是孩子的天性，没有任何事情可以替代。如果有什么事情能让一个孩子放弃玩耍而专注其中，那这件事情对他来说一定有着特别的意义。对于童年的欧阳修而言，除了玩耍，最吸引他的便是读书和抄写。当其他人家的孩子在街头疯闹的时候，他总会静静地坐在家中，全神贯注地抄写着借来的书籍。

一横，一竖，一撇，一捺，一点，一折，欧阳修仔细地抄写着，每下一笔，都非常用心。很多时候，他甚至会因专心抄书而忘记吃饭。黑色的墨汁缓缓地渗入粗糙的草纸，而那些所抄之文字也缓缓地渗入欧阳修的心。

纸的成色不太好，质量也很粗糙，欧阳修却丝毫不在意。他知道，若是用那种洁白柔软的宣纸来抄写，实在是太过奢侈了。然而即使是这种纸，对于欧阳家来说也是十分珍贵的，所以他在抄写时，尽量将字写得小一些，以便一张纸上能够多抄写一些东西。

一张纸写满，欧阳修便小心地放到一旁，再拿过一张新纸，仔细地铺在桌面上。那用过的纸上，密布着欧阳修的蝇头小楷，字字清秀，十分精致。时间一点一点地流逝，纸越摞越厚，欧阳修的心里也存下了越来越多的佳作。

富贵之家的孩子都在私塾中学习儒家经典，在先生的看管下背诵古文和诗词，欧阳修与他们不同，学到的却比他们要多许多。这一切，都源于他的血液中流淌着与他父亲一样的对文学的热爱。他记下那些文字，都是出于自己的兴趣。

时间久了，欧阳修开始希望能够有机会阅读到更多书籍。幸好，他的一位好友李尧辅家境殷实，是城中的大户，家中藏书颇多，为他读书提供了极大的方便。

李家位于城南，拥有一座大宅，仅仅一个东园就可以让两个小孩子玩得十分开心。他们在树木和草丛之中捉迷藏，相互追逐，嬉笑声回荡在院子里，给院子也添了许多生气。

李尧辅也是个好学的孩子，他看到欧阳修和自己一样好学，心里很是开心。于是，他时常邀请欧阳修去家里，两个小伙伴一同玩耍，一同读书，一同研究书里的内容，相处得非常融洽。他们就这样一天天长大了。

一次，李尧辅请了几个小伙伴来家里捉迷藏。当他们在大屋里分别寻找藏身之处时，一个孩子突然在一处夹壁中发现一个破旧的竹筐，筐里放了许多书籍，于是便急忙呼唤其他的孩子过来。

筐子很沉，孩子们七手八脚地将筐子抬出来，然后翻找着。一些孩子找到喜欢的书，便开心地拿着去一边阅读了；一些孩子没有找到自己喜欢的书，便对这些书籍失去了兴趣；还有一些孩子见自己喜欢的书被其他孩子拿走了，便只得守在一边，希望别人读完可以借给自己。

欧阳修也和所有孩子一样，翻动着筐子里的书。筐子里有许多书，不过其中有很大一部分他都读过或了解过，所以不觉得新奇，直到看见一本《昌黎先生文集》时，他的好奇心才被挑起了。

昌黎先生即韩愈，唐代著名的文学家和哲学家。他一生强调文以载道、文道合一，主张作家应该重视道德修养，《昌黎先生文集》便是他的作品合集，只不过欧阳修找到的这本由于保存不当，已经残缺不全，顺序也乱了。

那时，欧阳修十岁，还不知道“昌黎先生”是何人，于是他挑出那本残破得只剩六卷的《昌黎先生文集》，找到李尧辅的父亲李老爷，请他允许自己将这本书借回家阅读。李老爷见欧阳修如此好学，便将这本旧书赠给了他。欧阳修欣喜万分，谢过李老爷后，便将书带了回去。

一回到家中，欧阳修便迫不及待地阅读起来。书中的内容很深奥，他尚且读不太懂，然而那些内容却深深吸引了他。从此，他如获至宝，将这本书小心地收藏在书箧中，不时地拿出来温习。正是这本残缺的《昌黎先生文集》将欧阳修带入了古文的世界。

阅读是一件奇妙的事情，它能让人足不出户，便游遍千山万水，尽览大千世界，明白事理，知晓古今。那一本本的书，堆在那里，静静地，不言不语，却能将许多人吸入其中。那一摞摞的书，聚成了一片知识的海洋，让人无法一眼看透，只有亲身走入，才能体会到其中的精髓。

每日，欧阳修沉浸在书香的世界里，与那些文字进行沟通和交流。虽然他还是个孩子，可是他已在不知不觉中成长起来了。他的思想和内心都不再和其他那些单纯的只知玩耍的孩子一样了，他有了更成熟的思维，对这个世界也有了更深一层的理解。

在阅读中，欧阳修的文学修养日益提高，心思也日渐细密，能够写出如成人般有深度和内涵的文章。他的叔叔欧阳晔读过他写的文章后，心中大喜，对他的作品大加赞扬。看到侄子年少有成，欧阳晔深感欣慰，他想，若是哥哥泉下有知，自然也会欣慰的。

欧阳晔告诉欧阳修的母亲郑氏，这孩子长大之后定会光耀欧阳家的门楣，不仅如此，他还可能名扬于世。郑氏闻之，心里也非常欣慰，她曾担心家境贫困会耽误了欧阳修的学业，让她愧对欧阳家，而如今，听到小叔如此说，她悬着的心稍稍放下了。

第三节
行云却在行舟下

自古以来，有多少天资出众的少年，最后却只能泯为众人；又有多少本可以名垂千古的才俊，最后却成为遗臭万年的罪人。郑氏深知，若要儿子功成名就，仅仅注重才学的培养还远远不够，只有让他德才兼备，才能真正为欧阳家扬名。

为了让儿子自小心存仁念、知理明事，郑氏时常给欧阳修讲一些有优秀品质的人的故事，也时常告诉他，他的父亲在世时是如何为官、如何为人、如何审案的。这样的故事听得多了，欧阳修心里便产生了对父亲的敬佩之情，以及对美好品质的向往。

郑氏告诉欧阳修，无论身处怎样的环境、遇到多少阻碍，只要心中存有一个坚定的信念，一心为善，即使无力实现自己的理想，也可问心无愧。

郑氏说，家境贫困并不能成为一个人放弃优秀品质的理由，一个人若是因为家境贫困，不能让双亲过上衣食无忧的生活，那并不能说明他不孝，只要他有心尽孝，用心侍奉父母，那便是孝顺。同样，为官之人若是心系于民、一心为民，即使因社会中的种种限制而无力让百姓过上好日子，那他也是名好官。

母亲的话，欧阳修铭记于心。他多么希望父亲此时仍然在世，如此一来，他便有机会跟随父亲，从他身上学到为人处事以及为官的方式。可惜人死不能复生，关于父亲的一切，他只能从母亲的口中听来，无法亲自去看、去感受了。

知子莫若母。郑氏得知欧阳修心中的遗憾，便建议他平日多向欧阳晔请教。她说，欧阳晔与欧阳观品行一致，同样是不畏强权、廉洁奉公、明辨是非之人。欧阳修遵照母亲的话去做了。

近朱者赤，近墨者黑，此为常理。有为人“严明方质”的叔父做榜样，又有倔强奋发、恭俭仁爱的母亲相伴，欧阳修成长为一个阳光、积极、内心充满仁念的少年。

北宋年间，发展最快的便是文化，这一切都要归功于宋太祖赵匡胤。宋朝以前，人们重武轻文，有“握军权者得天下”之说。赵匡胤虽出身武夫，却对书籍有着特殊的喜好，平日里只要有空闲，便书不离手，即使出兵打仗，也会随身携带许多书籍。

书中自有锦囊计，读的书多了，赵匡胤意识到，之前的朝代之所以会出现兵权之争，便源于朝廷过于重武轻文，以至于百姓只懂得用武力解决问题。于是，建立宋朝之后，他为了社会安定，决定一改旧制，提倡重文轻武。

为了让人们意识到从文的重要性，赵匡胤推出了“偃武修文”的政策。他不断提高文人的地位，对他们礼遇有加，增加科举录取名额，并宣布“不得杀士大夫及上书言事人”。

赵匡胤的后人们也谨遵其制，全力发展宋朝的文化事业。宋太宗赵光义推行了“文官制”，积极鼓励文人参加科举考试，入朝为官，于是“读书为做官”的观念开始在文人中弥散开来。考取功名，入朝为官，成为大部分宋朝学子读书的唯一目的。

成长于这种环境中的欧阳修，自然也将考取功名视为人生大事。转眼间，欧阳修十七岁了。他知道母亲和叔父将他抚养成人不易，明白自己若是能早日考取功名，既能让他们心安，也能让他们的生活过得好一些。于是，欧阳修决定入京赶考。

自儿时起，欧阳修一直被周围人的赞扬所包围，家人对他寄予厚望，邻人们也时常赞叹这孩子聪慧，长大后一定能成为不凡的才俊。所以，他对自己十分有信心。虽然作为一名考生，十七岁的年龄还是太小了些，可是他丝毫没有胆怯和紧张。

在当时，学子们在入京参加考试之前要经历多场考试，一如当今最常见的各种海选。欧阳修参加的第一场考试，是在随州当地举行的乡试。乡试又称解试，是科举考试中最初级的考试，学子们只有通过此次考试，才能获得入京参加礼部试的资格。

乡试的内容包括诗赋、经义和策论。欧阳修看到“策论”中有一道名为“左氏失之诬论”的试题之后，心里顿时轻松了许多。《左传》中的所有内容他早已熟记于心，从中找出一些虚妄神异的记载，对于他而言实在是件再容易不过的小事。

略做思考，欧阳修挑出了四件事进行了论述，并在文中写道：“石言于晋，神降于莘；外蛇斗而内蛇伤，新鬼大而故鬼小。”这两句话分别指的是《左传》中的四个故事。欧阳修采用的是当时最时尚的骈体，简短的二十二个字就将四个故事写得清清楚楚，考官看过他这篇策论后，连连称赞写得好。

虽然一篇策论使欧阳修在考官心中留下了极好的印象，并且他那两句话在当时被视为“奇警之句”而“大传于时”，可惜的是，这一次的乡试他并没有通过，因为他所作的诗赋没有按照规定的韵脚去押韵。

得知自己落榜的消息后，欧阳修不免伤心。有生以来，他第一次知道失败是怎样的感觉，也第一次体会到失落是怎样的滋味。想到身边萦绕的那些称赞，想到自己参试前的信心满满，想到家人对自己的期许，他有些内疚，有些惭愧，也有些不甘。

那一夜，他写下了《夜意》一诗：

蕙炷炉薰断，兰膏烛艳煎。

夜风多起籁，晓月渐亏弦。

鹊去星低汉，乌啼树暝烟。

惟应墙外柳，三起复三眠。

诗中描写了他因失意而不得安眠的心情。诗罢，落笔，欧阳修又一次捧起了他视为珍宝的《昌黎先生文集》。自从得到这本书后，他就一直将它带在身边，每当遇到不顺而心中有烦郁之情时，他都会取出这本书，静静地阅读，细细地品味，以此来抚平心中的波澜。

读着，读着，欧阳修的心情恢复了平静。他一边感慨着韩愈的文学素养，一边反省着自己在作文方面的不足。他的心中萌生出追随韩愈的渴望。然而转念一想，他若是真的追随了韩愈，便会离功名越来越远，那么家中日渐老去的母亲和尚未出阁的妹妹又要如何度日？想到这些，他不由得叹了口气，收回了追随韩愈的念头。

欧阳修重新投入到对考试的准备中。天圣四年（1026 年）秋，欧阳修终于不负众望，通过了乡试。这个结果令全家人都非常喜悦，欧阳修自己更不必说。那年冬天，欧阳修满心兴奋地收拾好行囊，带着家人的期冀和对未来的向往，离家前往汴梁，参加礼部考试。

初次只身一人离家，欧阳修对外面的世界充满了好奇。他对沿途的一切都感到新鲜，汴梁的繁华更是让他惊讶，尤其是那些华丽的高楼，是他在随州从未见到过的。

六曲雕栏百尺楼，帘波不定瓦如流。

浮云已映楼西北，更向云西待月钩！

——《高楼》

离家时，欧阳修是激动的；到达汴梁后，他是好奇的；而离开汴梁时，他的心情是低落的。未能通过这次的礼部考试对于欧阳修而言又是一次打击。到达汴梁时，虽然“楚天风雪犯征裘”，可心中那希望的火焰却没有让他感到一丝寒冷，如今虽已是春末夏初，他的心里却弥漫着凉意。

楚天风雪犯征裘，误拂京尘事远游。

谢墅人归应作咏，灞陵岸远尚回头。

云含江树看迷所，目逐归鸿送不休。

欲借高楼望西北，亦应西北有高楼。

——《南征道寄相送者》

京城的经历让欧阳修意识到，读书多年，自己只学会了书本上的东西，而且随州地处偏远，文化水平相对落后，自己若是想学到更多东西，必须走出去。这样想着，他决定外出求学。

第四节

平山栏槛倚晴空

儿行千里母担忧，得知欧阳修的决定后，郑氏的心中有些不舍，但她并不是目光短浅的妇人，她明白儿子的决定是正确的，于是欣然同意。不久之后，欧阳修出发了，他将汉阳作为求学的第一站，因为那里有一位他仰慕已久的文人——胥偃。

胥偃是汉阳的知军，欧阳修在拜见他之前，用心撰写了一封书信，并随信附上了许多自己的作品。信笺递去之后，欧阳修便焦急地等待着胥偃的回复。

胥偃读过欧阳修的信和作品后，对这个年轻人非常欣赏，立刻将欧阳修请到府中，并备好了丰盛的酒席招待他。在席间，胥偃得知了欧阳修的身世，欣赏之余又多了几分怜惜，于是邀请他住到府上，并亲自指导他的学习。对此，欧阳修喜出望外、感激不尽。

接触得越久，胥偃越是赏识欧阳修，越是看到这位少年骨子里透着一股特有的文学资质，于是称欧阳修必将“有名于世”。欧阳修得到胥偃的认可后，更加努力地学习，不肯有一星半点的松懈。胥偃眼见这名后生一天天地进步，心中更感欣慰和喜悦。

同年冬天，胥偃得到晋升，入京为官，便将欧阳修一并带到了京城。在京城的日子里，他更为辛勤地栽培欧阳修，还将他引荐给许多名公巨卿，使他有幸与许多上层人士结识，并从他们那里学到更多的知识。同时，欧阳修也以惊人的才华吸引了许多人的注意。

在京城，欧阳修过的是一种不同的生活。当时的士大夫家中常常设宴，招待好友，一群人坐在一起饮酒谈天、讨论文学。胥偃也是如此。每当家中宴请宾客，胥偃都会叫上欧阳修陪侍。

一次酒宴中，欧阳修突然被眼前的景象打动了，那桂树上悬挂的雨滴，那枝头飞舞的鸟儿，那静静绽放的花朵，以及穿梭在花朵之间的蝴蝶……一切都是那样和谐和美好，他的心里不由得涌出一串美丽的句子，令他无法抑制而要将它们书于纸上。

桂树鸳鸯起，兰苕翡翠翔。

风高丝引絮，雨罢叶生光。

蝶粉花沾紫，蜂茸露湿黄。

愁酲与消渴，容易为春伤。

——《小圃》

一首诗书写完毕，在座的宾客无不赞叹欧阳修才华出众，不愧为胥偃的门生。欧阳修心中甚喜，胥偃也感到颜面有光。之后，欧阳修频频在宴会上创出佳作，一时名动文人圈，许多人都知道了这位胥偃府中的少年才子。

没过多久，欧阳修再一次在另一场雅集中展现了他的才华，以他独特的观察力写下了《早夏郑工部园池》一诗。

夜雨残芳尽，朝晖宿雾收。
兰香才馥径，柳暗欲翻沟。
夏木繁堪结，春蹊翠已稠。
披襟楚风快，伏槛更临流。

不过，小有名气并没有让欧阳修沾沾自喜，相反，他的心中感到了更大的压力。胥偃待他很好，可无论如何好，他都是寄人篱下。虽然父亲过世之后，他就一直过着寄人篱下的日子，然而欧阳晔毕竟是他的亲叔叔，胥偃却只是一个欣赏他才华的长者，那感觉，自然是不同的。

欧阳修时刻记得自己出来的目的，胥偃的宴会虽热闹，也让他小有名气，但他的精力仍然主要用于学习。他日夜苦读诗书，准备迎接即将到来的国子监广文馆入学考试。功夫不负有心人，天圣七年（1029 年）春，欧阳修以第一名的成绩考入了国子监。

国子监是一所官办学校，其中的广文馆专门招收想要考取进士的学生，其课程也都是针对进士考试而设的。广文馆对学生的筛选非常严格，能够进入广文馆，距离考取进士也就不远了。

半年的学习生活很快过去了，欧阳修在这半年中受益颇多，在文学上也有了很大的提高。国子监解试考试中，欧阳修又一次名列榜首。他心里激动极了，因为这意味着他可以参加第二年春天的礼部考试了。

欧阳修彻夜苦读，很多次，当他终于满意地将灵魂从书海中抽回时，却发现天色已经微白了。看着窗外渐渐落下的星辰，任清风轻轻拂过面庞，他感到一丝惬意。天边的墨色有些淡了，浅浅的白色缓缓漫了上来，推开夜的幕，还世界一片光明。

帘外星辰逐斗移，紫河声转下云西。
九雏乌起城将曙，百尺楼高月易低。
露裛兰苕惟有泪，秋荒桃李不成蹊。
西堂吟思无人助，草满池塘梦自迷。

——《晓咏》

清晨的第一缕阳光让欧阳修心中涌出了希望——对未来的希望、对功名的希望、对事业的希望。怀着这种希望，天圣八年（1030 年），他参加了礼部考试。此次礼部考试的主考官是有着“太平宰相”之称的晏殊。

晏殊自小聪颖，十四岁便考取进士，皇帝对他极为看重，将他留在宫中，对他多加磨炼。晏殊博学严谨，由他负责的考试，其难度可想而知。果不其然，晏殊为考生们出了一道“司空掌舆地图赋”的题目，并表示考生若有疑问，可上前向他请教。

晏殊此举，意在考验考生们的严谨程度，他故意在题目上留了一个不太明显的漏洞，希望有考生可以发现这一漏洞，然后指出。然而，当数名考生上前请教过后，他的心里有些失望了，因为这些考生全都没有发现题目中最根本的问题。

晏殊设的漏洞，便是题目中的“司空”一词。司空是一种职位，周代和汉代都有这一职位，而所担负的职责却有所不同，周代司空所担负的职责远多于汉代司空。考生若是不够细心，轻易以任一朝代的司空为主作赋，那么所作之赋自然无法通过审核。

在众多考生中，只有欧阳修发现了关于司空的漏洞，当他走上前向晏殊提出自己的疑问时，晏殊的心里终于有了一种如愿以偿的感觉。晏殊望着面前这位瘦弱的少年，点了点头，为他解答了疑惑，并告诉欧阳修，只有他一人真正看懂了题目。

待到揭榜之日，欧阳修第三次名列榜首。按照当时的惯例，考生当以门生的身份拜见主考官，于是欧阳修整理衣冠，毕恭毕敬地前去拜访了晏殊。

自从上次一见，晏殊便对欧阳修有了极深的印象，也时时惦记着这位瘦弱少年，只是由于各种不便，他没能打听到这位少年的姓名，也没机会得知这位少年的情况。当听说第一名的考生来拜见自己时，晏殊的心中还不由得想，不知当初那位看懂自己题目的少年考得如何。当他见到欧阳修的面后，便突然安心了。

接连三次高中激发了欧阳修的斗志，也增强了他的信心。参加殿试时，在殿堂之上，欧阳修针对当时朝中的奢靡之风写下了《藏珠于渊赋》，其文论据确凿、条理清晰，对奢靡之行为直言进谏、毫不留情，文中凛然之气尽显。

之前的几次成功让欧阳修有种预感，自己此次也能荣登榜首，所以为了迎接即将到来的唱名，他特意准备了一套新衣服。谁知，当晚同学中年龄最小的王拱辰一时兴起，穿着他的衣服开起了玩笑，并说："为状元者当衣此。"没想到，一语成真，最后王拱辰考中了状元，欧阳修却只考取了第十四名。

未能考中状元，欧阳修心里自然有些遗憾，不过一想到终于能够承担起母亲和妹妹的生活，能够有资格追求自己心里的梦想，他又立刻喜悦起来。他心里那份对韩文的热爱和向往，又一次涌动起来，推着他一路向前。

第二章

少年·赏花品茗心清雅

第一节

重倚朱门听马嘶

暖春三月，枝繁叶茂，花团锦簇。朝廷为这些新进士举办了“闻喜宴”。席间，宋仁宗还亲自作诗赠予他们，以示朝廷对文人才子的重视。对于欧阳修来说，虽然他曾参加过许多宴会，可没有一次让他有如此深刻的感受。满座才俊，如同夜空中的繁星；皇恩浩荡，如同春日里的暖阳。

欧阳修永远都忘不了那一天，他穿着新做的衣服，坐在新郑门外的琼林苑中，听唱名官叫出自己的名字。身边尽是与他同样衣着华丽的新进士们，他们个个面露喜色，翘首以待。杯中斟满了美酒，他们举杯相庆，杯空后又再次斟满，如此循环，举杯不停。正如他在一首《蝶恋花》中所描述的那样：

翠苑红芳晴满目。绮席流莺，上下长相逐。紫陌闲随金轣辘。

马蹄踏遍春郊绿。

一觉年华春梦促。往事悠悠，百种寻思足。烟雨满楼山断续。人闲倚遍阑干曲。

宴会接近尾声时，新进士们纷纷在石上题名，留下永久的纪念。他们的名字，将作为众人心中的翘楚，被久久羡慕和敬仰。而后，是大规模的游行。当那些衣着鲜亮的青年才俊穿过街巷时，他们的身上投满了明媚的阳光，以及围观群众羡慕的眼光。

欧阳修作为其中的一员，心里充满了自豪感，他与其他进士一起在街头行走着，接受着街道两侧投来的祝贺和崇拜。那种气派的场面，让他的心里充满了对美好未来的憧憬。

全城达官贵人和百姓的目光全都聚集在新进士们的身上。百姓们关注是出于羡慕，而达官贵人们关注则别有用意。考取进士便可为官，食朝廷的俸禄，享一生的荣华，对于达官贵人们而言，这样的人与自家女儿可谓门当户对，若是能从中挑选出一位，作为自家适龄女子的如意郎君，自然是极好的。

于是，进士们的游行便间接成为一场选亲秀。那路边早早就停着的华丽马车，使本就不宽的街道变得更加拥挤。车上目光焦急而犀利的官家们不停地打量着行进中的进士们，想着只要能从中挑出一位最适合的，便不虚此行了。

欧阳修年轻有为、风度翩翩，又小有名气，走在队伍中自然成为许多官家的满意人选。然而，那些人却只能心中想想便罢了，因为此时的欧阳修已有婚约在身，他的岳丈便是当初收留他，并一直栽培他、照顾他的胥偃。

胥偃有识人之能，早在初见欧阳修时，便感受到这名少年的与众不同，认定他日后必有所作为。随着接触的时间越来越久，他更加确定，这名少年非池中之物，是一难得的奇才，于是着重提携。

胥偃家中有一女儿，与欧阳修相差十岁，性情单纯，活泼可爱。欧阳修进入胥偃府时，她尚且年幼，只有十二岁。随着女儿一天天长大，加之自己对欧阳修的认可，胥偃心中便生出了让欧阳修成为自己女婿的心思。

考虑到女儿还未到适婚的年龄，而且欧阳修整日忙于学业，无暇顾及儿女私情，所以胥偃虽然心有此意，却并未过早表明，只是在生活和学习上都更加照顾欧阳修。欧阳修对他也越发感激，除了敬重之外，还多了许多亲切感。

如今，欧阳修学业有成，中了进士，女儿也刚好到了适嫁之龄，胥偃便不再犹豫，向欧阳修说出了自己的想法。欧阳修与胥家小姐虽平日里接触得不多，但毕竟生活在同一屋檐下，也知道小姐是性情纯良之人，而且对方是恩人之女，无论从哪方面看，他都没有拒绝之理。于是，欧阳修答应了胥偃，成为胥家的女婿。

胥偃高兴极了，立刻为两个孩子办了订婚宴。订婚宴上，胥偃请来了许多亲朋好友，所有人都羡慕他能够得到如此前途大好的贤婿。欧阳修的母亲郑氏得知此事后也非常欣喜，欧阳修先考取功名，又娶得佳人，令欧阳家双喜临门，她终于能够告慰死去的丈夫了。

马上就要踏上仕途，对于欧阳修来说，这是件令人兴奋的事。他的心里曾装着太多沉重的负担，如今这些负担终于可以暂时从他的心上移开了。想到当官之后，他便能够用自己的俸禄照顾母亲和妹妹，不需要再依靠叔叔的救济，他的心里非常欣慰。

他又想到小时候母亲时常教育他的那些话，想起母亲口中的父亲，他希望自己也能够成为一个像父亲那样的好官，为官清廉，为民请愿，让百姓过上好生活。他还希望自己能够有足够的自由去追随韩愈的脚步，专心研究韩文，将这一文风发扬光大。

欧阳修的心里有许多事想做，可是眼前，他最需要做的是参加一系列的应酬。作为门生，书写谢启拜谢考官自然不可缺少，之后他还需要亲自上门拜访考官，以示对考官的尊重。

欧阳修沉思片刻，提笔写下一篇感谢考官的骈文。他将文章叠好，正准备送到考官府上，却迎面看到了取代他状元位的王拱辰。王拱辰年纪较小，孩童心性，听说欧阳修刚刚写好谢启，便嚷着要看，结果看完后，他连称自愧不如，便央求欧阳修为他代笔写谢启。

欧阳修并未因之前的玩笑而对王拱辰心存芥蒂，对于这位有些调皮、孩子气十足的小弟弟，他有的只是疼爱和关心。于是，他挥笔代王拱辰写下了《代王状元谢及第启》。

右某启云云。坐狄启扉，并集千人之俊；赐袍在笥，骤纡一采之纶。矧惟蕞尔之躯，仍玷褎然之首。仰膺渥涣，伏积震惶。

窃以周陈三物以宾贤，和慎乎命乡之选；汉开数路而求士，乃盛乎得人之称。用能畅郁乎之文，一变而至道；饰炳然之化，三代以同风。阐是齐明之猷，允属神灵之旦。国家景炎兴运，赤伏膺图，敷四叶以重光，式九围而用。销锋偃革，外憺乎灵威；卷领垂衣，坐朝乎夷憬。上方穆然无事，监于太清，崇庠序以兴文，饰弓旌而招俊。苹歌式宴，咸预于计偕；洊棘树围，载严于籍奏。敞中楹而亲试，署异等以精求。所宜得命世之伟才，为一时之清选。夫何么陋，前玷宠光。（节选）

正当欧阳修、王拱辰等人因金榜题名而喜悦万分，忙于答谢之时，他们的一些同学却满心忧虑。自古以来，科举考试的结果都是数人欢喜数人忧，考中的永远是少数，而落榜的始终是多数。对于那些未曾考中的考生来说，风光与他们无缘，他们有的只是寂寥和落寞。

欧阳修怀着深深的惋惜之情为那些曾与他一起寒窗苦读，却不得高中的好友们送行。他知道，此时再多的话语都无法消除他们心中的伤痛，可他还是用尽言语安慰他们，希望他们再接再厉，能够在下一次考试时得以高中。

在《送方希则序》中，欧阳修这样安慰好友：

庄子以绅笏为柴栅，班固以名声为缰锁。夫官位爵禄，人之所甚欲，彼岂恶之邪？盖将有感云尔。是以君子轻去就，随卷舒，富贵不可诱。故其气浩然，勇过乎贲、育，毁誉不以屑，其量恬然不见于喜愠。能及是者，达人之节而大方之家乎！

希则茂才入官，三举进士不利，命乎数奇。时不见用，宜其夷然拂衣，师心自往，推否泰以消息，轻寄物之去来，渊乎其大雅之君子，而几类于昔贤者乎！

……

夫良工晚成者器之大，后发先至者骥之良。（节选）

天圣八年（1030年）欧阳修接到了朝廷的任命，他将担任将仕郎、试秘书省校书郎、充西京留守推官一职。按照惯例，官员在上任之前有一段时间可用于省亲，于是欧阳修收拾好行李，带着新婚的妻子回到家乡，探望母亲和叔父，感谢他们对自己的养育之恩。

郑氏见到儿子，心里格外激动，对儿媳也非常喜爱。欧阳晔看着侄儿如今成家立业，心里也是无尽喜悦，替九泉之下的兄长感到欣慰。转眼间，欧阳修上任的日子就要到了，他决定将母亲一起带去他即将上任的地方洛阳，由他来照顾母亲的晚年生活。

临别前，欧阳修再次感谢叔父多年来对他们母子三人的照顾，然后一行人坐着马车，向洛阳驶去。

第二节

水上何人吹玉笛

天圣九年（1031 年）春，欧阳修携家人来到洛阳。洛阳的景致，美不胜收。一路上，欧阳修看到山水如画，心驰神往。想到自己即将在这样一座城市中生活，他的心里轻松极了。

马蹄不停，他们很快便到达府邸。那是一座不太大的院子，院中有挺拔的树、清澈的池，还有一些清新的花草。他们的房间早已有仆人打扫干净，欧阳修放下行李，安顿好母亲和妻子，更换了朝服，便出了家门。

初到洛阳，礼节不可失，欧阳修决定遵循惯例，去留守府拜见自己的上级。出了门，仆人已备好马匹，于是他翻身上马，悠闲地骑着马儿向留守府前行。一路上，他的心情很好，不时环顾周围，一面熟悉着这座城，一面欣赏着城中的景象。

欧阳修骑着马一路慢行，行至伊水河畔、午桥庄边时，突然听见不远处的竹林中传来吟诗之声：

修禊洛之滨，湍流得素鳞。
多凭折腰吏，来作食鱼人。
水发黏篙绿，溪毛映渚春。
风沙暂时远，紫线忆江莼。

这种感觉的诗句，欧阳修还是第一次听到。吟诗之人的声音很平缓、很放松，其中透着一种对平静生活的享受。欧阳修听过后，心里不由得一动。细品诗中所表达的意境，欧阳修的眼前浮现出一幅悠闲雅致的画面，没有当时世间流行的浓郁之色，也没有令人眼花缭乱的繁华，他的心情顿时更加明朗。

欧阳修情之所至，不由得击掌叹赏，那人听了，从竹林中走出，来到欧阳修面前。两人相视片刻，欧阳修在对方的脸上看到了熟悉的神色，那是一种坦然自若的神色。对方虽然身材高大，眉目却十分清秀，一看便是饱读诗书之人。待对方自报姓名后，他才知道，原来自己面前站着的竟是河南县主簿梅尧臣。

梅尧臣字圣俞，乃是河南县新任主簿。梅尧臣也是刚刚上任，在此地尚未结识许多好友，才会趁闲暇之余独自一人出来游玩。就在刚才，他见仆人在急流中捉到两尾鳜鱼，而且那鱼儿非常活泼，不停地摆尾挣扎，一时兴起，便作诗一首，却不想一首即兴之作竟招来了欧阳修这样的知己。

相识即是有缘，何况二人因文而结识，自然是有许多相似相投之处。而且两人都是初次来到洛阳，心中略感孤单，突然间遇到与自己兴趣相投之人，一种亲切感油然而生。他们从诗词歌赋聊到文坛名家名篇，再聊到时事，聊得越多，越有一种相见恨晚的感觉。

欧阳修曾在诗中用“逢君伊水上，一见已开颜”来形容他与梅尧臣的初见，而梅尧臣则在诗中写道“春风午桥上，始迎欧阳公”。可见，二人对此次见面都有着深刻的印象，这次相见对于他们二人而言，都有着重要的意义。

二人越聊越投机，梅尧臣便邀请欧阳修与他一同游香山，欧阳修欣然应允，全然忘记了自己今日本是要去留守府拜访。两人来到香山，一边悠然地在林间漫步，一边谈天说地，时间一点一滴地流逝，二人却浑然不觉。

知音难觅，倍感珍惜。红日渐渐西下，暮色渐渐降临，欧阳修和梅尧臣却仍然意犹未尽，不愿和彼此分开。不到一天的相处让他们二人深深感到，对方就是自己一生难得的知音，所以当梅尧臣提议到他家中继续把酒谈天时，欧阳修立刻答应了。

傍晚，欧阳修坐在梅尧臣家中的小桌旁，面色红润，喜笑颜开。鲜美的鱼香和浓郁的酒香弥漫在房间里，欧阳修和梅尧臣一边饮酒，一边高谈阔论、吟诗作对，屋内满是欢乐。

初到洛阳便得一知己，对于欧阳修而言，这是件太令人开心的事情。想起儿时，身边虽有一群小伙伴能与他一起玩耍，可那时大家都是孩子，很难触及与精神世界有关的东西，整日的嬉闹只能给生活添上几许激情，却不能让生活真正变得丰富和充实起来。

欧阳修与梅尧臣的缘就此结下，之后的日子里，他时常与梅尧臣相约，品茗赏花，饮酒赋诗。二人如伯牙子期般，惺惺相惜之情日渐增长。欧阳修对梅尧臣的诗才极为欣赏，曾用“圣俞翘楚才，乃是东南秀”这样的句子来称赞他，还用“玉山高岑岑，映我觉形陋”来表达自己在梅尧臣面前的自愧不如之情。

自从与梅尧臣相识，欧阳修的诗歌风格便发生了很大的变化。梅尧臣善作古体诗，于是欧阳修也模仿他的风格创作了许多古体诗。天圣九年（1031 年），梅尧臣作《黄河》，欧阳修受其启发，于次年作了《黄河八韵寄呈圣俞》。而后，梅尧臣又作了《依韵和欧阳永叔黄河八韵》，以表对欧阳修的认同。

河水激箭险，谁言航苇游。坚冰驰马渡，伏浪卷沙流。

树落新摧岸，湍惊忽改洲。凿龙时退鲤，涨潦不分牛。

万里通槎汉，千帆下漕舟。怨歌今罢筑，故道失难求。

滩急风逾响，川寒雾不收。谈能穷禹迹，空欲问张侯。

——《黄河八韵寄呈圣俞》

欧阳修对梅尧臣的欣赏不仅限于才华，还包括其品性。欧阳修与梅尧臣因文学而相识、相知、相惜，所以他们之间的来往也主要停留在文字上。梅尧臣的妻兄被调至洛阳，为避嫌，他被调去了河阳。梅尧臣离开洛阳后，欧阳修对他的难舍之情甚深，于是常去书信，并附赠诗歌，以表达自己的想念之情。梅尧臣对欧阳修同样有思念之情，每次因公前往洛阳时都会抽出时间与他相聚。

欧阳修一生赠予梅尧臣的诗文有《与梅圣俞》（三书简）及《送梅圣俞归河阳序》、《黄河八韵寄呈圣俞》、《和梅圣俞杏花》、《和杨子聪答圣俞月夜见寄》等。梅尧臣赠予欧阳修的诗文也有数篇。

谁道梅花早，残年岂是春。

何如艳风日，独自占芳辰。

——《和梅圣俞杏花》

交往的三十年中，欧阳修与梅尧臣从未断过来往。这来往已不仅限于文学上，也包括生活中。平日里，二人在生活上的交往并不频繁，即使是同在洛阳时，生活上的交往也不过六七次而已。然而，这并不表示他们不关心彼此的生活，真正的情谊只有在困境中才会体现出来。

锦上添花易，雪中送炭难。能够在对方遇难时雪中送炭的，才可谓真朋友。欧阳修因直谏触怒君王被贬荆州时，梅尧臣赠诗以表关切，嘱咐他“黄牛三峡近，切莫听愁猿”。梅尧臣生活遇到困难时，欧阳修便对他施以援手，送他澄心堂纸、美酒、丝绸等。梅尧臣身故后，欧阳修还代为照顾他的家人，若不是真心朋友，怎能如此尽心？

圣俞志高而行洁，气秀而色和，崭然独出于众人中。初为河南主簿，以亲嫌移佐河阳，常喜与洛之士游，故因吏事而至于此。余尝与之徜徉于嵩洛之下，每得绝崖倒壑、深林古宇，则必相与吟哦其间，始而欢然以相得，终则畅然觉乎薰蒸浸渍之为益也，故久而不厌。既而以吏事讫，言归。余且惜其去，又悲夫潜乎下邑，混于庸庸。然所谓能先群物而贵于世者，特其异而已，则光气之辉然者，岂能掩之哉！

——《送梅圣俞归河阳序》（节选）

欧阳修与梅尧臣的友谊被世人传作佳话。在文学上，他们相互激励、相互学习；在困境中，他们相互关怀、相互扶持。他们心中都认定，得此友，终生无憾。

第三节

莫待无花空折枝

自从来到洛阳，欧阳修便过上了与过去全然不同的生活。儿时的欧阳修是孤独的、寂寞的，真正陪伴他的，只有那些被他一笔一画抄写下来的书籍，以及那些印在他脑子里的诗词名篇。他有时也渴望有个人在他身边，与他共享文学带来的乐趣和喜悦，然而在随州那样一个偏僻的小城市里，这个愿望太难实现。

如今，一切都不同了。洛阳是一座繁华的大城市，这里有许多才俊，他们在文化的熏陶下长大，对文学有着很深的认识和理解，他可以与他们一同探讨文学、研究诗词，这让他感到很满足。

在梅尧臣之后，欧阳修又结识了许多身在洛阳的官员，这些官员都有着极高的文学素养和文化品位，喜好高雅艺术，钟情于文学。

当地的留守钱惟演虽然好趋炎附势、野心很大，是名绝对的政客，但这并没有影响他对文学的喜好和追求。他不但自己喜好文学，还非常爱才，遇到才学出众的文人和官员，他总会给他们极高的礼遇，鼓励他们再接再厉。

钱惟演博学能文，颇有情趣，品位高雅，善作注重形式美感的西昆体诗歌，并曾因此而出名。不过他在文学方面并不死板教条，各种文体都欣赏，各种有才之士都接纳。正因如此，在他管辖之下的各位文人雅士才有机会聚在一起，形成一个小小的文人圈子。

梅尧臣的妻兄谢绛气质出众，有品位、操守，工于词赋，以善于文学而闻名一时。在这个小圈子中，他的诗词成就最高，深得钱惟演的赏识，也深为其他人所敬佩。唐末五代以来，诗风一直偏于浮艳，是谢绛改变了这一局面。

与谢绛同样反对浮靡文风的还有尹洙。尹洙提倡古文，尊崇韩愈，所作之文皆简古有序，据说欧阳修在修习古文时，也受到了他的许多影响。除文学外，尹洙也对兵事颇有兴趣，创作了《叙燕》、《息戎》等谈兵的文章。

除了极具影响力的这几位之外，尹洙、王顾、王复、杨愈、张先、张汝士和梅尧臣在他们这一文化圈子中尤为活跃，多年后欧阳修与这七位并称为“八老”。

欧阳修曾在《书怀感事寄梅圣俞》中对“八老”中的每一个人进行了描述。

相别始一岁，幽忧有百端。乃知一世中，少乐多悲患。
每忆少年日，未知人事艰。颠狂无所阂，落魄去羁牵。
三月入洛阳，春深花未残。龙门翠郁郁，伊水清潺潺。
逢君伊水畔，一见已开颜。不暇谒大尹，相携步香山。
自兹惬所适，便若投山猿。幕府足文士，相公方好贤。
希深好风骨，迥出风尘间。师鲁心磊落，高谈羲与轩。
子渐口若讷，诵书坐千言。彦国善饮酒，百盏颜未丹。
几道事闲远，风流如谢安。子聪作参军，常跨跛虎鞯。
子野乃秃翁，戏弄时脱冠。次公才旷奇，王霸驰笔端。
圣俞善吟哦，共嘲为阆仙。惟予号达老，醉必如张颠。
洛阳古郡邑，万户美风烟。荒凉见宫阙，表里壮河山。
相将日无事，上马若鸿翩。出门尽垂柳，信步即名园。（节选）

此诗用词简练，却恰到好处地突出了每个人的特点。当提及自己时，欧阳修用的是“惟予号达老，醉必如张颠”。关于“达老”这一称号，据说是欧阳修自己强烈要求而得，还曾因此与其他几个人发生过争执，不过事情一过，再没人追究那名是如何得来的，也没有影响他们几个人之间的情谊。

与一群有着浪漫情怀的文人在一起，欧阳修心中的浪漫情结也渐渐地浮了出来。他的生活也从此变得更加丰富、浪漫，且充满生机。

此时的宋朝正处于太平盛世，处处歌舞升平、一派繁华，百姓安居乐业、各得其所，所以各地方官员的工作也相对轻闲。况且，推官本就是一闲散官职，无需处理太多的事务，虽然俸禄不多，却足以承担起家用，这让欧阳修的心里感到很轻松。

早些时间，欧阳修因家境的原因，一心苦读，无暇去休闲，去游玩，去欣赏身边的美景。家庭的负担令他的少年生活太过枯燥，他一心为了家庭而活，从不敢有丝毫的松懈，如今担子已卸，他便有了更多的时间和心情去欣赏、品味生活。

其他几个人也同欧阳修一样，公务清闲，闲暇时间颇多，于是聚会便成了他们生活中最普遍的消遣方式。每一次聚会，他们都能在文学上有所收获，或创作出精美的诗作来。他们的灵魂在文学的世界中越走越近，感情也在文学的世界中变得越来越深。

欧阳修终于有机会过自己真正想过的生活了。在洛阳的日子里，欧阳修时常与这些好友一起观赏美景、饮酒赋诗，生活非常惬意。也是在这段时间里，他创作出许多动人的诗词。读了他的诗词，便能知道他当时过得是多么悠闲和惬意。

在这样的氛围中，欧阳修感到很自在。曾经的他像一只孤独地飞翔在天空中的鸟，只能将心中的旋律唱给空气，然后任由它们飘散，听不到一丝回响。如今，他有了可以唱和的伙伴，喜悦也就成倍地增加了。

余本浪漫者，兹亦漫为官；
胡然类鸱夷，托载随车辕。
时士不俯眉，默默谁与言？
赖有洛中俊，日许相跻攀。
饮德醉醇酎，袭馨佩春兰。
平时罢军檄，文酒聊相欢。

——《七交七首·自叙》

对于欧阳修而言，令他喜悦的不仅是遇到了同好之友，还在于能够通过和这些人的交往提升自己的文学水平。相比于其他人，他的年纪尚轻，对古文的研究也不及前辈们透彻，他刚好可以借聚会的机会，取他人之长，补自己之短。

谢绛与尹洙皆是提倡古文、尊崇韩愈之人，这令欧阳修感到欣喜。他早年便对韩文情有独钟，无奈只能自行参悟，而手中书籍又残缺不全，使他一直无法在此领域有所提高。谢、尹二人年长于他，又在古文领域已有建树，他们的出现为他提供了进一步学习的机会，所以他时常与二人探讨有关古文的知识。

谢、尹二人也是心胸豁达之人，非常愿意帮助欧阳修，时常传授给他古文精髓。在他们的帮助下，欧阳修还有幸读到了《昌黎先生文集》的全本，并根据全本将自己手中的旧本一一补缀修订。这也更加激发了他学习韩文的热情，坚定了他学习韩文的决心。

自那之后，欧阳修便极少使用骈文了。虽然在当时骈文仍是最时尚、最主流的文体，而且官员的公文都需要用骈体书写，可他为了自己的理想，坚持用古文书写，若情非得已，决不作骈文。

欧阳修在《答陕西安抚使范龙图辞辟命书》中说道：

不幸修无所能，徒以少喜文字，过为世俗见许，此岂足以当大君子之举哉？若夫参决军谋，经画财利，料敌制胜，在于幕府苟不乏人，则军书奏记一末事耳，有不待修而堪者矣。由此始敢以亲为辞。况今世人所谓四六者，非修所好，少为进士时不免作之，自及第，遂弃不复作。在西京佐三相幕府，于职当作，亦不为作，此师鲁所见。今废已久，惧无好辞以辱嘉命，此一端也。（节选）

起初，三人一起学习古文，欧阳修只是一名初学者，所以谢、尹二人算得上是他的领路人。相比于谢绛，尹洙在古文方面更胜一筹，所以欧阳修受他影响最大。之后，由于欧阳修有着极高的领悟能力和学习能力，他的古文素养越来越高，三人的关系也渐渐发生了些变化，从一开始的“师徒”变为“对手”。

一次，钱惟演命他们三人为一新阁作记，限期三日。三人立刻各自回家进行创作。三人作好之后，聚到一起打算相互指正，却发现尹洙之作只用了三百八十字，且用字精准，而欧阳修与谢绛之作都超出了五百字。欧阳修与谢绛表示自愧不如，便收起了各自的作品，不打算交给钱惟演。

欧阳修虽输得心服口服，却不想一直如此，于是他连夜向尹洙请教如何才能作出那般妙的文章。经尹洙的指点，他连夜赶出一篇新作，不但有章有法，而且字数比尹洙之作又少了二十字。尹洙读过之后，连连赞叹欧阳修的才学真是一日千里。

相互帮助，共同进步，真正的朋友，当是如此。欧阳修与尹洙、谢绛二人的友谊以文学为基础，三人共同切磋，共同成长，此番情谊和经历成为欧阳修记忆中珍贵的典藏。

第四节

隐隐笙歌处处随

物以类聚，人以群分。志趣相投之人，彼此之间总是存在一种无形的默契，他们会一见如故，在不知不觉中成为朋友，一起畅谈，一起聚会，一起享受生活中的种种喜悦和感动。

盛夏来临，普明寺后院大字院成了欧阳修等人聚会的好去处。这里曾是诗人白居易的故居，遥想当年，白居易便曾与多位文坛老者相聚于此，一行人饮酒作诗，尽情畅谈。如今，这一充满文化气息的地方又迎来了一群文学新秀，他们也如当初几位老者一般，在此避暑赏竹，静心对弈。

普明寺风景清丽，丝毫不受外面炎热天气的影响，旁边就是清澈的山泉，渴了、热了，喝上一口，便暑气全无。此处山花烂漫，有人抚动琴弦，悠扬的琴声和着清脆的泉水声，在山间久久回荡。

泉边栖息着一些水鸟，它们过惯了清静的生活，突然间被外来人的笑声和琴声惊醒，不由得胆怯，拍着翅膀飞走了。

在这园深、林幽、花繁的清静之所，微风掠过清泉，波纹中映着一枚枚清秀的倒影，怎能不让人心旷神怡？欧阳修的《普明院避暑》一诗便作于此处，他在诗中写道：

选胜避炎郁，林泉清可喜。
拂琴惊水鸟，代麈折山花。
就简刻筠粉，浮瓯烹露芽。
归鞍微带雨，不惜角巾斜。

那一次游园，除了欧阳修，其他几人也各有所作。他们将各自的作品题在大字院的墙壁上。这是一次风雅的集会。推杯换盏间，欧阳修醉了，可让他醉的却不是美酒，而是美景和美好的氛围。回到家中，他的心里仍然回荡着当时的那份感动，于是他提笔写下了《游大字院记》一文。

六月之庚，金伏火见，往往暑虹昼明，惊雷破柱，郁云蒸雨，斜风酷热。非有清胜不可以消烦炎，故与诸君子有普明后园之游。春笋解箨，夏潦涨渠。引流穿林，命席当水。红薇始开，影照波上。折花弄流，衔觞对弈。非有清吟啸歌，不足以开欢情，故与诸君子有避暑之咏。太素最少饮，诗独先成，坐者欣然继之。日斜酒欢，不能遍以诗写，独留名于壁而去。他日语且道之，拂尘视壁，某人题也。因共索旧句，揭之于版，以志一时之胜，而为后会之寻云。

与志趣相投之人相聚和交流，总能令人心中的热情骤增。尤其是当自己的才华和观点得到他人的认可时，那份热情更会一发而不可收拾。在这充满文化气息的圈子里，欧阳修的才华得到了大家充分的认可，他所创作的作品也得到了大家的好评。

在鼓励和赞扬中，欧阳修对文学的热情更加高涨。他开始充分运用自己的观察力和感悟力，留意起身边种种小事，然后运用自己的想象力，创作出立意新颖的文章。许多事，在其他人眼中，或许只是件平凡无奇的小事，可在他的眼中，却向人们提示了自然界的一种规律以及人生的哲理。

夏夜的一场大雨过后，欧阳修出门散步。天已经晴了，月亮和星星在夜空中露出笑脸，坐在树下，能够清晰地看到它们运动的轨迹。此时，欧阳修听见草丛间传来的阵阵虫鸣，心中不由得生出些感慨。

欧阳修想，人们常常认为昆虫会满足于它们简单的生活，可若果真如此，它们又为什么会在洞穴中鸣叫呢？是因满足，或是因有所求，或是因想被欣赏，又或是没有一点意义？

他又想到，天上的星星一旦殒落，就不再有令人着迷的光芒，不再被人们喜爱，就因为它们的精气已尽失。正如人活着时，若是贪图利益，虚度时光，死后也会如这些殒落的星一般，无人问津，被人厌弃。

他还想到了天空中的太阳、月亮，它们整日按照固定的轨迹运行，是因为它们知道各自的责任。他认为，君子做学问也应如它们一样，永不停息，勇往直前。于是，他写下了《杂说三首》。

夏六月，暑雨既止，欧阳子坐于树间，仰视天与月星行度，见星有殒者。夜既久，露下，闻草间蚯蚓之声益急。其感于耳目者，有动乎其中，作《杂说》。

蚓食土而饮泉，其为生也，简而易足。然仰其穴而鸣，若号若呼，若啸若歌，其亦有所求邪？抑其求易足而自鸣其乐邪？苦其生之陋而自悲其不幸邪？将自喜其声而鸣其类邪？岂其时至气作，不自知其所以然而不能自止者邪？何其聒然而不止也！吾于是乎有感。

星殒于地，腥矿顽丑，化为恶石。其昭然在上而万物仰之者，精气之聚尔。及其毙也，瓦砾之不若也。人之死，骨肉臭腐，蝼蚁之食尔。其贵乎万物者，亦精气也。其精气不夺于物，则蕴而为思虑，发而为事业，著而为文章，昭乎百世之上而仰乎百世之下，非如星之精气，随其毙而灭也，可不贵哉！而生也利欲以昏耗之，死也臭腐而弃之。而惑者方曰："足乎利欲，所以厚吾身。"吾于是乎有感。

天西行，日月五星皆东行。日一岁而一周。月疾于日，一月而一周。天又疾于月，一日而一周。星有迟有速，有逆有顺。是四者，各自行而若不相为谋，其动而不劳，运而不已，自古以来，未尝一刻息也。是何为哉？夫四者，所以相须而成昼夜四时寒暑者也。一刻而息，则四时不得其平，万物不得其生，盖其所任者重矣。人之有君子也，其任亦重矣。万世之所治，万物之所利，故曰“自强不息”，又曰“死而后已”者，其知所任矣。然则君子之学也，其可一日而息乎!吾于是乎有感。

类似这样的感悟，欧阳修还有许多。一次，他带领仆役们为一座菜园锄草施肥，守园人告诉他，园中的樗树根茎粗壮，枝繁叶茂，吸收了太多养料，影响了其他作物的生长，应该砍掉。守园人还说，这树形状弯曲，不坚固，不值得种植。欧阳修听了守园人的建议，便同意将这树砍了。

过了一天，守园人又向他建议将园中的杏树也砍掉，其理由是杏树占了园中最好的土地，而且同样吸收大量养料，影响其他作物的生长。这一次，欧阳修却没有听从他的建议。

事后，欧阳修突然想到之前读过的庄子的《山木》和《人世间》，两篇文章皆表明没有用的树木可以自然老死，而对人类有用的树木则摆脱不了被砍伐的命运。如今，看到自己园中的树，他却有了不同的理解——樗树被砍是因为它没用，杏树没有被砍是因为它有用。如此看来，树木是否能够存活下去的根本因素不在于它们的先天条件，而在于它们所处的环境。

因有此感，欧阳修作了《伐树记》一文，并说：“夫经无用处无用，庄周之贵也。以无用而贼有用，乌能免哉?”樗树正是因为无用而被砍，杏树正是因为有用而幸存。所以，“凡物之幸与不幸，视其处之而已”。

由此，世间的一切，在欧阳修的眼中都具有了更深一层的含义。一棵树、一朵花、一池水、一条鱼、一颗星、一枚叶、一阵风、一片云……这一切的一切都能给他启示，令他作出具有深意的散文。

可世人不理解他的这些感悟，只笑他多愁善感、庸人自扰。只有他的那些伙伴们才能读懂他内心的细腻，以及他对这个世界、对人生独特的理解。世上得一人知心而无憾，有这么多人明白他的心，欧阳修自然更不会在意其他人的不解和嘲笑了。

欧阳修有一双别人没有的眼睛，这双眼睛长在他的心里，他透过它们去看这个世界，便看到了不一样的世界。说他天真也好，说他感性也罢，在洛阳的三年，欧阳修一向如此，观察入微，思考细致。他的心总是被一团温柔而温暖的空气包裹着。他写下的诗，清丽动人；他写下的散文，美好而意味深远。

有时，欧阳修也会感叹世事的无奈，写几篇杂文。在《养鱼记》中，他记录了浅池难容大鱼一事，感叹那些有才之士受环境所限，抱负无处施展。

折檐之前有隙地，方四五丈，直对非非堂，修竹环绕荫映，未尝植物，因洿以为池。不方不圆，任其地形；不甃不筑，全其自然。纵锸以浚之，汲井以盈之。湛乎汪洋，晶乎清明，微风而波，无波而平，若星若月，精彩下入。予偃息其上，潜形于毫芒；循漪沿岸，渺然有江潮千里之想。斯足以舒忧隘而娱穷独也。乃求渔者之罟，市数十鱼，童子养之乎其中。童子以为斗斛之水不能广其容，盖活其小者而弃其大者。怪而问之，且以是对。嗟乎！其童子无乃嚚昏而无识矣乎！予观巨鱼枯涸在旁不得其所，而群小鱼游戏乎浅狭之间，有若自足焉，感之而作《养鱼记》。

此篇文章结构简单，字数精简，既抒发了作者怜惜有才之人不得志的情怀，又讽刺了当时社会中人为制造的不公平。欧阳修将自己的感悟和感情都写成了文章，虽然还不够成熟，却已初显他的文风和文思。

第五节

但令新花日愈好

洛阳牡丹甲天下。洛阳自古以来就是一座牡丹之城，并以牡丹吸引了众多游人的光临。那些外地人纷纷前来，为的是亲眼见一见那传说中的花中骄子牡丹，或将它们带回自己的家中。

牡丹盛开之时，满目姹紫嫣红，整个洛阳城变作一片牡丹花海，满街都是牡丹的香气，沁人心脾。集市上，花农们推着自家的牡丹前来赶集，一团团，一簇簇，火红的，粉嫩的，散发着芬芳，清甜而浓郁。

洛阳的牡丹在欧阳修的记忆中抹下了一笔极为重要的色彩，浓得化不开、拭不去。当他任满离开洛阳时，出于对牡丹的喜爱和留恋，他将牡丹的来历、品种以及特色写成了一篇文字，此文名为《洛阳牡丹记》，是我国关于牡丹的专著的“始祖”。

洛阳之俗，大抵好花。春时城中无贵贱皆插花，虽负担者亦然。花开时，士庶竞为游遨，往往于古寺废宅有池台处为市，并张幄帟，笙歌之声相闻。最盛于月陂堤、张家园、棠棣坊、长寿寺东街与郭令宅，至花落乃罢。洛阳至东京六驿，旧不进花，自今徐州李相（迪）为留守时始进。御岁遣牙校一员，乘驿马一日一夕至京师，所进不过姚黄、魏花三数朵，以菜叶实竹笼子藉覆之，使马上不动摇，以蜡封花蒂，乃数日不落。

传说，欧阳修会有此作，是因为最初的那两年每逢赏花佳期，他都因事外出，无法亲眼目睹牡丹的姿容。于是，未赏过洛阳牡丹便成了他心中的一个遗憾。他还曾梦见牡丹仙子带他游园赏花，问他所见八个花园中哪个花园的牡丹最美，而他所选的那一园正是洛阳。

幸而，第三年他终于有机会亲眼在洛阳赏花。牡丹花的香气让欧阳修醉了，他爱上了这里的牡丹，也爱上了这座城市。他将牡丹的美融入了他的诗文中，用他最擅长的文字抒发对牡丹的一片情。

“洛阳地脉花最宜，牡丹尤为天下奇。”那形色各异的牡丹，往往会从中生出新的绝品，红瘦黄肥间，“寿安细叶开尚少，朱砂玉版人未知”。看着争妍斗丽的牡丹，他心中暗想，不知这些花百载后会变得如何。他只愿“但令新花日愈好，惟有我老年年衰”。

在《洛阳牡丹记》中，欧阳修不但写了牡丹的传说和特点，还着重描写了洛阳牡丹赏花的风俗以及赏花之时的盛况，分别起名为“花品序”、“花释名”和“风俗记”。

在洛阳的日子是他一生中最美好的时光。他的青春在那里，他的事业在那里，他的朋友在那里，他的灵感在那里。在洛阳的那三年，他的青春与牡丹一同尽情地绽放，他的喜悦如同那娇艳的牡丹一般，无法隐藏。

他的青春与那盛开的牡丹融在了一起。每逢想起洛阳的牡丹，他的心里都会感受到一股无穷的生命力，那股生命力鼓舞和激励着他，让他的心中时刻充满对美好生活的渴望。

在《谢观文王尚书举正惠西京牡丹》中，欧阳修写道：“赠以洛阳花满盘，斗丽争奇红紫杂。”每年，花都会开，每次花开时，有相似，也有不同。“我时年才二十余，每到花开如蛱蝶。”那艳丽的花让生活变得更加多彩，“念昔逢花必沽酒，起坐欢呼屡倾榼”。

可是，好花不常开，今朝花开，他日花败。牡丹花开得美，开得艳，可总有一天，它们会凋落，化为地上一撮芬芳的泥土。正如美好的时光无论如何令人不舍，最后都会逝去，成为人们生命中的一段记忆一般。

花开花谢乃自然界平常事，而在文人眼中，便多了几许忧伤和无奈。许多人怜惜那美妙的花，不忍见那花瓣一片片离开花蕊，一片片飘落风中，一片片跌入泥沼。还有许多文人会由花开花谢联想到世事无常，于是心中又多了许多感慨。

欧阳修一生几经坎坷，那些起起落落时常令他想到洛阳牡丹。他在晚年曾将自己生命之中经历的起落看作牡丹的盛开和凋零，那起起伏伏的人生，不正如开了又败、败了又开的牡丹吗？

传说中，牡丹拥有不畏强权、不屈不挠的精神。武则天曾命长安后苑中的百花在冬日里齐开，几乎所有花仙都畏于武则天的强势而被迫开放，只有牡丹不肯屈服，枯枝独立。而当武则天一怒之下将它贬至洛阳后，它却立即绽放了。武则天气极了，下令烧毁牡丹，然而熊熊烈火并没有让牡丹枯死，反而让它开得更艳。

这自然只是传说，可牡丹的气节却因此传遍了大江南北。不知是巧合还是命中注定，在洛阳期间，欧阳修的君子之气也日渐增长。在他的心中，黑白分明，没有灰色地带，对于世间的污浊，他总是一眼看清，并且远离。“宁讪无谄”是他的原则，他知道批判陋弊会为自己带来麻烦，可他就是不能勉强自己的心，假装无视或一味地歌功颂德。

在为自己工作读书之所命名时，欧阳修选择了“非非堂”这个名字，并以三种事物作为比喻，写了一篇《非非堂记》。这三种事物分别是“秤”、“水”和“人的耳目”。他认为，人的耳目在观察外界时，与秤和水有着相同的性质，若是平静，就能看到实质；若是动荡，观察到的和听到的就会与事实偏离。

权衡之平物，动则轻重差，其于静也，锱铢不失。水之鉴物，动则不能有睹，其于静也，毫发可辨。在乎人，耳司听、目司视，动则乱于聪明，其于静也，闻见必审。处身者不为外物眩晃而动，则其心静，心静则智识明，是是非非，无所施而不中。夫是是近于谄，非非近于讪，不幸而过，宁讪无谄。是者，君子之常，是之何加？一以观之，未若非非之为正也。

予居洛之明年，既新厅事，有文记于壁末。营其西偏作堂，户北向，植丛竹，辟户于其南，纳日月之光。设一几一榻，架书数百卷，朝夕居其中。以其静也，闭目澄心，览今照古，思虑无所不至焉。故其堂以“非非”为名云。

欧阳修说，他希望自己能在这清静的堂中自由思考，所以给这个厅堂起名为“非非堂”。世人皆知，入官场者，是非之心可有，但不可过于执着。许多事，似是而非即可，若是过于执着，只会给自己招来诸多不便，令自己身陷困境。那些才学出众却性格倔强者，若是遇到明君，尚能保留官职，最多被贬官；若是遇到昏君，不但会丢了官职，还有可能失去性命。欧阳修一身正气，并且性格耿直，不肯随波逐流，他的这种性格预示了他今后的道路必然不会是一条坦途。

花期短暂，人生中的荣耀又何尝不是如此？且不说花期短暂，哪怕是一场突如其来的暴风雨，都能打得它遍地残红。

残春一夜狂风雨，断送红飞花落树。人心花意待留春，春色无情容易去。

高楼把酒愁独语，借问春归何处所。暮云空阔不知音，惟有绿杨芳草路。

——《渔家傲·残春一夜狂风雨》

欧阳修在官场之中也曾多次因直言进谏而被贬外放，那种打击，不正如暴风雨的洗礼吗？而那时的他，不也和经历了暴风雨的花一样吗？

暴风雨来临之前，欧阳修从未考虑过自己可能面对怎样的处境，但以他的性格，即使知道了，应该也不会改变。毕竟，那股他父亲遗传给他的正气，以及他在生活中渐渐积累下的对真实以及正直的执着，只会指引着他走上一条追求正义的道路。

第六节

芦花千里霜月白

一年春天，梅尧臣因公来到洛阳，欧阳修与他遍览洛阳名胜，相谈甚欢。之后，二人决定去嵩山，并邀请了杨愈。这次出游激发了他们三人的创作欲望，对于他们三人而言，每一处名胜都值得他们欣赏，值得他们用文字记录。

一路上，接连入目的美景令他们目不暇接。他们感叹着那双峰中断的天门山，山巅的云霞轻轻浮动，仿佛近在眼前；他们惊讶于那自然形成的天池，清澈见底，却能在夜里发出龙鸣般的巨响。

游山玩水的时光是那样快乐，也是那样容易流逝。转眼春季已到尾声，夏季即将来临，一行人怀着意犹未尽的心情踏上了归途。回到洛阳后，梅尧臣又一次告别了欧阳修，期待着下一次的相聚。

秋季，梅尧臣又一次因公前往洛阳，与好友们聚会。此次聚会上，梅尧臣看着面前这些好友，突然想到唐代白居易与“八老”游洛阳，并被后人作《九老图》一事。他想，此时自己与这些好友不也如当年的白居易和“八老”一般吗？于是他提议，依圈中好友之性情和特长，各奉雅号。

梅尧臣此议一出，立刻得到好友们的赞成。很快，除了钱惟演和谢绛因官高位尊未被列入之外，其他八人都被赋予了一个符合他们特性的雅号。

欧阳修因事未能出席此次聚会，在大家的一致认可下，他得到了“逸老”的雅号。然而，他得知此事后，却心生不悦，认为此“逸”意为他为人放纵，不够检点。虽然梅尧臣向他解释了此“逸”取的是才华超逸之意，可是欧阳修仍然不肯接受这一雅号。最后，在欧阳修的极力要求下，大家同意了他给自己起的“达老”雅号。

此事过后不久，梅尧臣又将返回河阳。欧阳修携三两好友为梅尧臣送行，送行之宴上，他们以昔日贤人佳句为韵，各自作了五首绝句，并将这些绝句编成了诗册。

闲来无事，有朋相伴，游山玩水，佳作百篇。这样的生活对于文人而言，无疑是最好的。然而，这样的生活又是受到局限的。只有在安定祥和的社会中，这些文人雅士才能有这样的机会，一旦时局发生变化，他们的安定生活也注定会受到影响。

明道元年（1032年），宋朝出现了一个劲敌——西夏。西夏原本是由羌族的一支党项所建的小国。宋朝成立后，赐西夏赵姓，封当时的国主赵德明为“夏王”。赵德明死后，他的儿子元昊在契丹的支持下开始频频侵扰宋朝，攻占州府，令宋朝陷入了一场危机。

明道二年（1033年）冬，刘太后去世，宋仁宗亲政，朝中政局开始出现动荡，并出现各持政见的几个派别。二十四岁的宋仁宗在支持他的一批大臣的提议下，将范仲淹上调回京，任右司谏一职。

范仲淹这个名字人们并不陌生，“先天下之忧而忧，后天下之乐而乐”便出自他笔下。此人年少时生活清苦，常以冷粥为食，却心系天下，在晏殊的推荐下，任秘阁校理一职，后因过于直谏，触怒皇太后而被贬。如今，皇太后过世，宋仁宗急于改革，这才想起还有这样一位贤臣，于是重新重用范仲淹。范仲淹也不负宋仁宗之托，上任之初即在江淮、京东地区开仓放粮，赈济灾民，大获民心。

欧阳修非常敬佩范仲淹，认为身为谏官就当如此，无畏权势，直抨时弊。由此，他作了篇《上范司谏书》：

月日，具官谨斋沐拜书司谏学士执事。前月中得进奏吏报，云自陈州召至阙拜司谏，即欲为一书以贺，多事，匆卒未能也。

司谏，七品官尔，于执事得之，不为喜，而独区区欲一贺者，诚以谏官者，天下之得失、一时之公议系焉。今世之官，自九卿、百执事外至一郡县吏，非无贵官大职可以行其道也。然县越其封，郡逾其境，虽贤守长不得行，以其有守也。吏部之官不得理兵部，鸿胪之卿不得理光禄，以其有司也。若天下之失得，生民之利害，社稷之大计，惟所见闻而不系职司者，独宰相可行之，谏官可言之尔。故士学古怀道者仕于时不得为宰相，必为谏官。谏官虽卑，与宰相等。天子曰不可，宰相曰可；天子曰然，宰相曰不然。（节选）

欧阳修在文中提议应“朝拜官而夕奏疏”，“伏惟执事思天子所以见用之意，惧君子百世之讥，一陈昌言，以塞重望”。这篇文章使欧阳修与范仲淹产生了交集，也注定了他在日后无法远离那一场“朋党”风波。

那一年，钱惟演受到弹劾，被贬出京，他的离开使那些曾因他而聚集起来的文人们十分伤怀。欧阳修对钱惟演也十分不舍，他是知恩图报之人，想到钱惟演曾经对自己的关怀和倚重，不由得“徒零涕以怀恩”。

钱惟演的离开拉开了离别的序幕，在他之后，洛阳各位任职期满的官员纷纷被调离。先后送走了各位好友，欧阳修有些寂寞，仿佛又回到了当初独自唱吟却无人和之的境地。他很想念那时每日有好友相伴，一同在山间游乐创作的生活，可是现实却不许他如此了。

接替钱惟演留守一职的是王曙，此人性格与钱惟演不同，虽也是爱才之人，却不喜文人们时常游乐，故而时常斥责他们。习惯了游山玩水的文人们对此感到不适，却因职位之碍，不敢言怒，只有欧阳修敢于反驳。

一次，王曙以寇准旧事为例，训斥下属不应生活奢华放纵，否则便会像寇准一般招致杀身之祸。在场的官员听了，全都畏惧得不敢多言，欧阳修却起身对王曙说，寇准之祸不在于贪杯，而在于他不知退步，年事已高仍居高职而不放手，这才使他遭人迫害，最后流落而死。

此时的王曙也已过致仕之龄，欧阳修此言，虽明指寇准，却也有指他之意。不过，王曙心胸宽广，听过欧阳修之言，不但没有生气，反而对他的见解心生赏识。之后，欧阳修的一个决定更使他意识到其是位精明干练且胆量十足的人。

在处理案件时，欧阳修时刻记得母亲告诉过他，他的父亲对犯人总是存有怜悯之心，每次审案，必谨慎至微，多究细节，尽量帮他们找到可轻判的理由。于是，他也遵循父亲之法，严加调查之后才断案。

一次，欧阳修负责审判一名逃兵，按照当时的法律，逃兵应该问斩，可是欧阳修一直认为此事还有隐情，于是迟迟不肯判决。王曙听说此事之后，责怪欧阳修太过畏首畏尾，应立刻判处该逃兵死刑。欧阳修却坚持己见，要等调查结果，不肯轻易判决。

数日后，王曙接到逃兵服役地的公函，称此逃兵事出有因，不应处死，请交还服役地，由当地官员处置。想起若不是欧阳修坚持己见，此逃兵早已命丧九泉，而自己则要承担误判之名，王曙惊出一身冷汗，不由得佩服起欧阳修来。

代任西京留守的两个月里，随着与欧阳修的接触越来越多，王曙越来越感受到他的与众不同，也越来越欣赏他。于是，王曙离开之前对欧阳修表示，待到他回朝，必然向朝廷推荐他。

第三章

青年·事业爱情皆明朗

第一节

俯仰流年二十春

转眼已过三年，洛阳的生活即将结束，欧阳修也将迎来新的生活。在洛阳的日子里，欧阳修感到十足的幸福，因为这里有一群志趣相同的伙伴，因为这里有美丽的牡丹，还因为他的身边有一位貌美温柔的贤妻。

胥偃的女儿嫁给欧阳修时年方十四，正值妙龄。这样一位从小衣食无忧的大家闺秀，身上却无半点娇气，嫁给欧阳修后，她每日辛勤操持家务，侍奉丈夫和婆婆，从未有过一句怨言，也从未流露过委屈的神色。她既温柔大方，又体贴贤德、知书达理，得妻如此，欧阳修心里满满的都是幸福。

结婚三年，欧阳修时常和朋友出去游玩，胥家小姐从来没有因此有过埋怨，只是在家中精心地照顾婆婆，安静地等待丈夫回来。

对于丈夫在外的生活，她从不怀疑，也从不干涉，使得欧阳修能够将全部的精力用于工作和创作。

结婚第三年，胥家小姐有了身孕。得知自己即将为人父，欧阳修高兴极了，可是由于公务日渐增加，他很少有时间留在家里陪在妻子身边，对此，他总是心有愧意。

十月怀胎，一朝分娩。转眼间，欧阳修的妻子即将临盆。身为人夫，理当守在妻子身边，等待孩子降临，可就在此时，欧阳修接到命令，需要离开洛阳处理一桩公事。看着已经行动不便的妻子，欧阳修的眼中露出愧色，可是通情达理的妻子却安慰他工作重要，并嘱咐他快去快回。

路过随州时，欧阳修决定顺路去探望叔父欧阳晔。许久不见，看到侄子已经成才，欧阳晔甚感欣慰，连连点头称赞。欧阳晔与欧阳修聊了些家常，听说他即将为人父，不由得感叹时光过得太快。想当初嫂子来投靠他时，欧阳修还只是个稚嫩孩童，一转眼，当初的小孩子也有了自己的家，而且就要成为另一个孩子的父亲了。

欧阳晔嘱咐欧阳修一定要好好对待家中的妻儿，照顾好母亲，欧阳修一一应允。见到侄子已成为与哥哥一般有责任感、有担当的男人，欧阳晔的脸上露出了满意的微笑。

告别了欧阳晔，欧阳修继续踏上出差的路。寒食那天，欧阳修独自一人坐在达花山的客栈里，思念着洛阳家中的妻子和母亲，心里不由得感到寂寞和冷清。他以外面的景色与自己的心情为题，写下了这首《花山寒食》。

客路逢寒食，花山不见花。

归心随北雁，先向洛阳家。

欧阳修从前与好友出游，虽然有时也会记挂家人，但从来没有哪一次的思念如这次一般强烈，人在路上，心却早已飞回了家中。

到达汴京后，欧阳修便开始忙碌起来。他的心里时刻惦记着妻子和未出世的孩子，一心希望快些办完公事马上赶回家，奈何这一切由不得他做主，一天过去了，一个月过去了，公事仍然没有办完。

突然间，一封家信扰乱了欧阳修的心。信中有一个好消息和一个坏消息。好消息是，妻子于三月为他生下一名男婴；坏消息是，他的妻子自生产之后就患了重疾，如今生命垂危。

欧阳修看过信后，心急如焚，连夜赶回洛阳。当他冲入家门，见到躺在床上奄奄一息的妻子时，不由得泪如雨下。妻子看见他难过的样子，想要轻声安慰他，却虚弱得说不出话来。不过几日，她便咽下了最后一口气，离开了人世。

妻子的离世令欧阳修深受打击，她还那样年轻，还没来得及享受为人母的快乐，上天为何如此残忍地夺去了她的生命？欧阳修越想，心里越无法平静，接连多日，他都以泪洗面，无心生活。

夫君去我而何之乎?时节逝兮如波。昔共处兮堂上，忽独弃兮山阿。呜呼!人羡久生，生不可久，死其奈何!死不可复，惟可以哭。病予喉使不得哭兮，况欲施乎其他? 愤既不得与声而俱发兮，独饮恨而悲歌。歌不成兮断绝，泪疾下兮滂沱。行求兮不可过，坐思兮不知处。可见惟梦兮，奈寐少而寤多。或十寐而一见兮，又若有而若无，乍若去而若来，忽若亲而若疏。杳兮倏兮，犹胜于不见兮，愿此梦之须臾。

——《述梦赋》

在《述梦赋》中，欧阳修说，人们都羡慕长生不老，其实当死亡真正来临时，没有人能抵挡得了。人死不能复生，除了痛哭，他什么都做不了，可尽管哭得喉咙已经嘶哑，也难以消散心中的悲伤。

佳人已逝，再想见她的一颦一笑只能在梦中，可即使在梦中，也不是总能见到她，那影像若有若无、若远若近。欧阳修希望这样的梦可以多做几次，能让他多一些机会与妻子重逢，于是他关起房门，足不出户，整日沉浸在梦中。欧阳修甚至不敢去看他的儿子，因为一看到儿子，他就会不自觉地想起已故的妻子。

忧从中来，欧阳修病倒了。他的朋友们不忍心他就此颓废，纷纷来到他家中劝慰他、开导他。欧阳修知道朋友们关心他，也知道自己这样做并没有实际意义，可他就是走不出那道围墙，走不出那种悲伤的心境。每次梦里的温存，最后都会变成空荡房间里的一盏枯灯，昏黄的灯光照着他和静静趴在墙上的尺蠖和飞蝇，显得格外冷清。

当初夫妻携手逛过的花园中，牡丹又一次怒放，可是对于欧阳修而言，一同欣赏之人不在了，那牡丹也就失去了当初的娇美。满枝的红在他眼中如同灰色，没有半点生机。

人世间充满悲欢离合，好友的离去和妻子的病故，让洛阳这座城市也染上了几分忧伤的色彩。每天夜里，独自漫步在清冷的月光下，欧阳修感到非常孤独。他时常怀念那些旧日时光，也不由得想到“可惜明年花更好，知与谁同”？

人生暂别客秦楚，尚欲泣泪相攀邀。况兹一诀乃永已，独使幽梦恨蓬蒿。

忆予驱马别家去，去时柳陌东风高。楚乡留滞一千里，归来落尽李与桃。

残花不共一日看，东风送哭声嗷嗷。洛池不见青春色，白杨但有风萧萧。

姚黄魏紫开次第，不觉成恨俱零凋。榴花最晚今又折，红绿点缀如裙腰。

年芳转新物转好，逝者日与生期遥。予生本是少年气，瑳磨牙角争雄豪。

马迁班固自歆向，下笔点窜皆嘲嘈。客来共坐说今古，纷纷落尽玉麈毛。

弯弓或拟射石虎，又欲醉斩荆江蛟。自言刚气贮心腹，何尔柔软为脂膏。

——《绿竹堂独饮》（节选）

妻子的离世在欧阳修的生活中抹下了一笔灰色，他花了半年的时间才暂时从悲痛中走出来，没想到五年后，又一个巨大的打击重创了他——他五岁的儿子夭折了。

从丧妻之痛中走出后，儿子便成了欧阳修最大的精神寄托。看着这个小家伙儿一天天成长，从牙牙学语到能够清晰地叫出第一声“爹爹”，从摇摇晃晃地走路到顽皮地奔跑，儿子的每一次进步都让他感到喜悦。小家伙儿聪明伶俐，一如儿时的自己，这让欧阳修很是欣慰，可他怎么也没想到，上天会在夺走他的妻子之后，将他的儿子也带走。

自此之后，欧阳修接连承受了多次来自生活上的打击。幸而，这些伤痛都一次次地被时间抚平了。

第二节

柳丝如剪花如染

安逸的生活总是能激发人的感性，让人变得细腻、敏感且多情。洛阳的时光就像温柔的流水，轻轻地从欧阳修心中流过，带走了他的青春，留下了优美的诗句。那是一座充满浪漫色彩的城市，也是一座充满柔情的城市，在这样的城市中生活，人的心里自然会更多地关注于细节上的感悟，忘却那些雄伟的情怀。

送走了一个又一个好友，终于欧阳修自己也将离开洛阳。他在洛阳的三年任期马上就要满了，好友离开时，他为他们举办了一场又一场送别宴，而当他要离开时，却无人为他送别了。

对于洛阳，欧阳修还是有些舍不得的。这里有着太多美好的回忆，给了他太多灵感，让他对这里产生了浓厚的依恋之情。然而，圣命难违，调任令一下，无论他的心里有多少不舍，他都只能选择离开。

樽前拟把归期说，欲语春容先惨咽。人生自是有情痴，此恨不关风与月。

离歌且莫翻新阕，一曲能教肠寸结。直须看尽洛城花，始共春风容易别。

——《玉楼春》

欧阳修想要看尽洛城的繁花，可那花又怎能看得尽呢？年年岁岁花相似，繁花开了又败，败了又开，是永远看不尽的。正如诗人那如浪涛般奔涌不停的情怀一样，有时平缓有时激烈，但永不会消失。

那年秋天，欧阳修受命去巩县参加宋真宗的陪祭，当他看到那滔滔的黄河水翻涌着从面前经过时，他的心突然被触动了。那是他第一次见到黄河，与他平日里所见的悠然之景不同，黄河的壮观在他心里留下了深刻的印象，既激励了他，却也令他产生了更多的愁绪。

欧阳修感到自己的精神得到了升华，他在《巩县初见黄河》一诗中描述了黄河壮观的景象，并引入了古代的传说。此诗是一篇欧阳修少有的长诗，全诗颇有韩文之风。

河决三门合四水，径流万里东输海。

巩洛之山夹而峙，河来啮山作沙嘴。
山形迤逦若奔避，河益汹汹怒而詈。
舟师弭楫不以帆，顷刻奔过不及视。
舞波渊旋投沙渚，聚沫倏忽为平地。
下窥莫测浊且深，痴龙怪鱼肆凭恃。
我生居南不识河，但见禹贡书之记。
其言河状钜且猛，验河质书信皆是。
昔昔帝尧与帝舜，有子朱商不堪嗣。
皇天意欲开禹圣，以水病尧民以溃。
尧愁下人瘦若腊，众臣荐鲧帝曰试。
试之九载功不效，遂殛羽山惭而毙。
禹羞父罪哀且勤，天始以书畀于姒。
书曰五行水润下，禹得其术因而治。
凿山疏流浚畎浍，分擘枝派有条理。
万邦入贡九州宅，生人始免生鳞尾。
功深德大夏以家，施及三代蒙其利。
江海淮济洎汉沔，岂不浩渺汪而大。
收波卷怒畏威德，万古不敢肆凶厉。
惟兹浊流不可律，历自秦汉尤为害。
崩坚决壅势益横，斜跳旁人惟其意。
制之以力不以德，驱民就溺财随弊。

盖闻河源出昆仑，其山上高大无际。

自高泻下若激箭，一直一曲一千里。

湍雄冲急乃迸溢，其势不得不然尔。

前岁河怒惊滑民，浸漱洋洋淫不止。

——《巩县初见黄河》（节选）

很快，欧阳修的任期已满，他就要离开这座给过他太多温暖、太多幸福的城。朝廷新的调令还没有到，欧阳修难得有了些闲散的时间去拜访异地的亲友。

离开洛阳后，欧阳修去了襄城——他妹妹嫁去的地方。妹妹一家人见到欧阳修，非常高兴，热情地招待他。听说他官任已卸，妹妹一家人便邀请他留下，多住些时日。于是，欧阳修在襄城开始了一段新的生活。

襄城是座小县城，不及洛阳繁华，却别有一番情致。他每天都可见到无忧无虑的孩子奔跑嬉闹，见到老人们坐在门口闲话家常，见到乡亲们三五成群地饮酒笑谈。每当傍晚时分，街口都会响起母亲们唤孩子回家的声音，然后便能看到一群小小的身影，飞快地奔向各自的家院，像一群欢快的小兔。

春季里，桑树绿了，农夫们都忙着去田中耕作，日出而作，日落而息。欧阳修有时行走在田间，有时登上附近的旧墟，对天高歌，生活得惬意而洒脱。

欧阳修感觉，这样的生活比洛阳的生活更加舒适、悠闲、富有生活的气息。他很喜欢这样的生活，并在《罢官后初还襄城弊居述怀十韵回寄洛阳中旧寮》中这样描写道："行矣方于役，岂能遂归欤。"若不是后来的一纸调令，他或许会在这里多住些时日。

王曙回朝后，果然兑现了他的承诺，向朝廷推荐了欧阳修。欧阳修接到参加学士院考试的通知后，就收拾好行李，赶去了汴京。

在汴京，欧阳修意外地见到了许多旧友，他们中有一部分已在朝中任职，还有一部分在等待下一次的任命，大部分则刚刚考取了功名，不久后便要回家乡为官。听说欧阳修即将入京，他们为与他一聚，纷纷在汴京多留了些时日。

见到久违的朋友们，欧阳修的心里暖暖的。这些朋友都是曾与他一同苦读的同窗，只是他们都没有欧阳修的运气，没能一次考取功名，所以又读了多年。当初，欧阳修也为他们感到可惜，如今见他们都得了官职，心中自然欣慰。

梅尧臣也在这群朋友中，他曾多次参加省试而不中，这令欧阳修感到可惜，更为他抱不平。在欧阳修眼中，梅尧臣无论是学识还是人品，都比在朝的许多人好得多，这样的人屡试不中，只能说明当时的社会太过不公。

为了安慰梅尧臣，欧阳修还曾作过《赠梅圣俞》一诗。

黄鹄刷金衣，自言能远飞。

择侣异栖息，终年修羽仪。

朝下玉池饮，暮宿霜桐枝。

徘徊且垂翼，会有秋风时。

在诗中，欧阳修用“徘徊且垂翼，会有秋风时”这样的句子安慰好友，表达的意思就是——金子总有一天会闪光的。欧阳修还写了《与谢舍人绛书》。在文中，他用“何故见遗，可骇可骇！由是而较，科场果得士乎？登进士第者果可贵乎”来表达内心对社会的不满。如今，梅尧臣已考取进士，正在京城等待新的任命，欧阳修自然为他高兴。

久别重逢总是令人兴奋的，特别是对于欧阳修他们这些感情细腻的文人来说，重逢就意味着欢乐聚会、把酒话诗。他们在一起度过了一个月的快乐时光。六月时，其他的朋友都一一奔赴了他们各自的任职之地，欧阳修也收了心，开始为即将到来的考试做准备。

就在欧阳修全心备考的时候，他的身上生了一个巨大的毒疮，害得他连起身行走都困难。好友离开了，母亲仍在妹妹家居住，没有与他同行，此时欧阳修身边连个照顾他的人都没有，过得十分凄凉，可是他却无心顾及自己的身体，每天忍着巨痛坐在案前，认真地翻阅书籍。

功夫不负有心人，欧阳修顺利通过了考试，被授予宣德郎、试大理评事兼监察御使等头衔。虽然头衔有许多，听上去非常气派，可事实上大部分头衔都只不过是用于定禄秩的官阶，真正有事可做的只有馆阁校勘一职。尹洙也和欧阳修一起考入了馆阁，能与曾经的好友、对手兼前辈共事，欧阳修很开心。

坦白地说，馆阁中的各种职位都不过是朝廷为了养人而设的，所以工作相对轻松。馆阁校勘需要负责的工作无非是对馆秘阁藏书进行整理、校对、列书目等，这些工作时间比较宽裕，做起来也不是很难，所以大部分时间欧阳修都是很清闲的。

从小爱好读书的欧阳修进入馆阁后，几乎将全部的空闲时间都花在阅读馆内藏书上。对于他而言，能够尽情阅览崇文院中大量的皇室珍贵藏书，便是这份工作给他的最大收获。

第三节

细似轻丝渺似波

在馆阁，欧阳修的第一个任务是参与编辑和叙录史馆、昭文馆和集贤院三馆秘阁藏书总目。史馆、昭文馆和集贤院均是藏书馆，这种馆式藏书机构自唐代起就已存在了。随着藏书的增加，宋朝又新建了许多藏馆，然而由于多年来缺乏管理，对藏书的质量审核不够仔细，许多藏书中时有漏洞产生。

为了提高藏书的质量，宋仁宗下令，在全国召集知名学者，一并将朝中藏书整理分类，并编撰出总目录。刚入馆阁的欧阳修当仁不让地成为其中一名人选，于是他的编撰和校勘生涯开始了。

范仲淹曾写下过“先天下之忧而忧，后天下之乐而乐”的千古名句，作为范仲淹的支持者和崇拜者，欧阳修也非常关心天下大事。编撰和校勘的工作并没有让欧阳修就此满足，他时刻关注着外面的世界，关注着天下黎民的疾苦，以及这个社会中存在的种种问题。

欧阳修曾在前往京城的途中收到当时西京留守王曾寄来的书信。读过之后，欧阳修想，百姓的幸福是社会安定的基础，只有先让百姓安居乐业，天下才会太平，于是他修书一封寄予王曾，建议为政者应关心百姓的生活，无论丰年还是凶年都要如此，这样才能让民安、让国强。

途经郑州时，当地刚刚遭受了风雹灾害。那里的百姓纷纷认为风雹之灾源于不久前樊侯庙被盗，一时间人心惶惶，大家都担心樊将军怒气不平，再降其他灾害给他们，使他们无法生活下去。

欧阳修听闻百姓们的担忧，便写了一篇《樊侯庙灾记》。

郑之盗，有入樊侯庙刳神象之腹者。既而大风雨雹，近郑之田，麦苗皆死。人咸骇曰："侯怒而为之也！"

余谓樊侯本以屠狗立军功，佐沛公至成皇帝，位为列侯，邑食舞阳，剖符传封，与汉长久，《礼》所谓"有功德于民则祀之"者欤！舞阳距郑既不远，又汉、楚常苦战荥阳、京、索间，亦侯平生提戈斩级所立功处，故庙而食之，宜矣。

方侯之参乘沛公，事危鸿门，振目一顾，使羽失气，其勇力足有过人者，故后世言雄武称樊将军，宜其聪明正直，有遗灵矣。（节选）

在文中，他用简单易懂的语言阐述了自己的观点，向百姓们解释了灾害的发生与樊侯庙被盗毫无关系。欧阳修说，樊将军生前正直大气，不是伤害百姓而泄愤之人。况且，若是他死后真的有灵，应当去惩治那些剖开他腹部的强盗，而不是责怪百姓们保护不周。

欧阳修的短短几句话让当地的百姓们放下心来，传言不攻自破，百姓们不再成天忧心忡忡、担惊受怕，生活也恢复了正常。

范仲淹“每感激论天下事，奋不顾身”，曾不顾身边人反对，直谏刘太后应放弃垂帘听政，将皇权全部交给宋仁宗。曾极力推荐范仲淹入朝的晏殊得知此事后大惊，斥责范仲淹不知轻重，不应如此。而欧阳修听闻范仲淹这一段经历后，却心生敬佩。曾经的一篇《上范司谏书》令他与范仲淹成为忘年交，所以当他自己也有幸入朝后，他在处理许多问题时开始不自觉地向范仲淹靠近。

范仲淹曾在《奏上时务书》中提到：“国之文章，应于风化;风化厚薄，见乎文章。”欧阳修非常认同这些观点。他认为，一名文人不但要能作文，还要能作有社会教化意义的文。在他心中，一种想要“兴复古道”、“救斯文之薄”的念头萌生了。正是这种念头促使他在日后发起了“古文运动”。

世间好男子，自有百家求。何况在官场之中，一向有依姻亲之事拉拢其他官员的习惯，像欧阳修这般年少有成、前途一片光明的男子，一进京城，自然会被许多公卿之家看中。一时间，许多家中有待嫁之女的官员纷纷上门提亲，只是欧阳修一直没有应下任何一家。

胥家小姐病故后，欧阳修曾一度颓废不振，心系亡妻，无法忘怀。如今，时过境迁，他已经能够平静地接受这一事实。他曾遇到过许多妙龄女子，其中不乏一些娇媚可人、温柔似水的女子，也不乏一些才华出众、风情万种的女子，可是没有一个女子能够走入他的心里。

某个傍晚，欧阳修吃过晚饭，看着空荡荡的房间，又心生感慨。此时，他的母亲还在襄城，他已派人去接了，只是还要数日母亲才能与他团聚。想到以往家中热闹温馨的场面，他的心里又感到了一丝孤单。

欧阳修决定独自外出散步。他漫无目的地走着，一直走到了郊外。忽然间，一阵落花飘过他的眼前。他的视线随落花扬起的方向看去，看见一户人家的院子，院里，一群少女正在欢喜地打着秋千。这样的场景让欧阳修更感寂寥了，他不由得写下了《渔家傲·红粉墙头花几树》。

红粉墙头花几树。落花片片和惊絮。

墙外有楼花有主。寻花去。隔墙遥见秋千侣。

绿索红旗双彩柱。行人只得偷回顾。

肠断楼南金锁户。天欲暮。流莺飞到秋千处。

少女们的欢笑让欧阳修的心里又一次产生了对家庭和爱情的渴望。他希望能够有一位女子与他共同生活，让那个空荡的房间不再空荡，让那个冰冷的房间恢复温暖。于是，开始考虑那些提亲。最后，他选择了已故谏议大夫杨大雅的女儿。

杨大雅生前是一位口碑很好的谏议大夫，为人正直谦逊，不喜奢靡，又喜欢研究古文，世人称之为“有德君子”。欧阳修心想，生于这样人家的女子，应是知书达理、性情温雅的，母亲年事渐高，若是有这样一位妻子陪伴在母亲身边，他也可以放心许多。

虽然心意已定，欧阳修还是请示了母亲的意见。母亲听闻儿子终于有意再娶，自然开心，又听说是位颇有声望之家的小姐，更是赞成。于是，她立刻动身前往汴京，打算尽快将这门亲事定下来。

欧阳修的母亲到达汴京后，拜访了杨家人，表明了来意。杨家人得知此事后，也非常赞成。虽然女儿嫁过去后只是他的续弦，可他的人品和才华他们都是知道的，况且他再无其他妾室，是个可托付之人，女儿嫁给他，应该不会受苦。

两家人很快达成了共识，接下来的事情便是按照古代嫁娶的礼仪走程序，如下帖、相亲、插钗、下定等。只有这些过程结束之后，欧阳修和杨家小姐才能正式成婚。

两个多月后，礼数已尽，到了大婚之日，从此杨家小姐便成了欧阳夫人。嫁入欧阳家后，杨家小姐果然没有令欧阳修失望，她勤俭持家，孝敬婆婆，体贴丈夫。

欧阳修的一举一动时常令杨家小姐想起已故的父亲，所以对于欧阳修，她不但有一种爱慕，更有一种崇敬。欧阳修不在家中时，她将家里打理得井井有条，等待丈夫回家。欧阳修回家后，她便精心侍奉左右，或陪伴在他身边，静静地看他读书、写作。

正月十五，欧阳修与妻子相约观灯，两人十指相扣，穿过拥挤的人潮，生怕将对方弄丢在这人群里，令周围的人好生羡慕。难怪欧阳修会写下这样一首《御带花》。

青春何处风光好，帝里偏爱元夕。万重缯彩，构一屏峰岭，半空金碧。

宝檠银釭，耀绛幕、龙虎腾掷。沙堤远，雕轮绣毂，争走五王宅。

雍容熙熙昼，会乐府神姬，海洞仙客。拽香摇翠，称执手行歌，锦街天陌。

月淡寒轻，渐向晓、漏声寂寂。当年少，狂心未已，不醉怎归得。

这样的生活让欧阳修感到满足，他庆幸娶到了这样一位孝顺勤俭的妻子，他的内心又一次变得细腻柔软起来。

第四节

疑是湖中别有天

欧阳修再婚半年后，他的妹夫张龟正过世了。欧阳修的妹妹是张龟正的继室，与张龟正不曾有孩子，如今张龟正不在了，妹妹若是继续留在张家，就要独自承担起张家的家事，还要照顾张龟正前妻的女儿。欧阳修心疼自己的妹妹无依无靠，便主动将妹妹和张家的女儿接到了身边。

一大一小两位新成员的到来令欧阳修肩上的担子又重了几分，幸好杨家小姐通情达理，待他的妹妹如自己的亲妹妹一般，从未有过半点不悦，只是此时她已患病，身体日渐虚弱，无法给予她们更多的关怀。欧阳修的妹妹也很喜欢这位新嫂子，看到嫂子身体不适，便主动帮忙分担家务，二人相处得非常和睦。

世事不定，不知上天是否有意为难欧阳修，杨家小姐的病越来越严重，成婚后九个月，年仅十八岁的她甚至还没来得及为欧阳修留下一儿半女，便匆匆地去了，欧阳修又一次经历了丧妻之痛。

杨家小姐的病故对于欧阳修而言，无疑又是一次沉重的打击，他生活中刚刚迎来的阳光，就这样被无情地夺走了。杨家小姐过世后，欧阳修又一次投入到忙碌的工作中。他的生活越来越困窘，可是他并没有因此消沉，他很清楚自己是家中唯一的支撑，若是自己倒下了，家也就散了。

从丧妻之痛走出来后，欧阳修开始继续从事对古文的研究，同时积极关注政界、学界和文界的动态。这三界看似没有关联，实则关系密切，欧阳修希望能够用文人独有的方式指出政界和学界中的弊端，将自己的政治观点通过文章表达出来。

一个秋日，欧阳修来到好友王拱辰家做客，发现他家中有一本石介的手书，以及《二像记》的石本。石介是北宋初期的学者和思想家，他注重理学，反对标榜皇权，提倡“重义理，不由注疏之说”。他与欧阳修同为一届进士，彼此之间曾有过一些接触，欧阳修对他的印象不坏。

在当时，一些人对文学的独立价值持否定和漠然的态度，嘴上说着支持恢复古文，心里却将文学作为一种追求功利的工具。欧阳修非常不赞成这种行为，认为古文的存在应该是纯粹的，其“道”应该“切于事实”，这样才能为更多人所真心接受。

看到石介的手书，欧阳修吃了一惊，那怪异夸张的字迹与他多年前所见的石介的字迹相差甚远，他需要非常努力地辨别，才能辨认出其中的只言片语。欧阳修的心中不免有些担心，石介这种做法未免过于标新立异，若是因此迷失了方向，误入歧途，那么在发展古文的道路上，他就又失去了一位好伙伴。

在《与石推官第一书》中，欧阳修写道：

近于京师频得足下所为文，读之甚善。其好古闵世之意，皆公操自得于古人，不待修之赞也。然有自许太高，诋时太过，其论若未深究其源者，此事有本末，不可卒然语，须相见乃能尽。然有一事，今详而说，此计公操可朝闻而暮改者，试先陈之。

“足下所为文”指的是石介的《怪说》等三篇时政文章，欧阳修先是赞扬了石介的“好古闵世之意”，称自己也为之感动，然后话锋一转，婉转地指出石介忽略了文学的审美和内涵，过于追逐潮流和形式，也表达了自己对好友的担心。

为了让好友明白自己的苦心，欧阳修又以石介的书法为话题，建议他无须独创书法规则。

及其过，圣人犹欲就之于中庸。况今书前不师乎古，后不足以为来者法。虽天下皆好之，犹不可为。况天下皆非之，乃独为之，何也？是果好异以取高欤？

欧阳修还提醒石介，自古以来，虽不乏创新者，但那些人的特立独行只不过超越了保守和庸俗，并未超出君子之则，若是连君子的行为准则都背弃了，哗众取宠，必然会招致骂名。

欧阳修还借批评石介的书法来批评石介的学风，他劝石介："行非异世，盖人不及而反弃之，举世斥以为异者欤？"欧阳修本想用这样的方式将好友从歧途上拉回来，可是石介并没有领他的情，仍然一意孤行，还写了《答欧阳永叔书》来对欧阳修的批评进行辩解。

在文中，石介连用了三个反问句，强调自己只是在"传圣人之道"，其偏执可见一斑。至于欧阳修想要间接传达给他，希望他不要继续下去，以免成为始作俑者而腹背受敌的道理，他则丝毫没有领悟到。

其实，即使石介真的读懂了欧阳修字里行间的意思，以他的性格，怕是也不会理解欧阳修对他的劝告，仍会继续一意孤行。他与欧阳修不同，欧阳修虽然感性十足，却不失理性，能够冷静地看待问题，石介却是个缺少理性之人，易冲动，也易激动。

欧阳修不愿放弃，便又写了《与石推官第二书》。

修顿首白公操足下。前同年徐君行，因得寓书论足下书之怪。时仆有妹居襄城，丧其夫，匍匐将往视之，故不能尽其所以云者，而略陈焉。足下虽不以仆为狂愚而绝之，复之以书，然果未能喻仆之意。非足下之不喻，由仆听之不审而论之之略之过也。仆见足下书久矣，不即有云而今乃云者，何邪？始见之，疑乎不能书，又疑乎忽而不学。夫书，一艺尔，人或不能，与忽不学，特不必论，是以默默然。及来京师，见二像石本，及闻说者云足下不欲同俗而力为之，如前所陈者，是诚可诤矣，然后一进其说。及得足下书，自谓不能，与前所闻者异，然后知所听之不审也。然足下于仆之言，亦似未审者。

足下谓世之善书者，能钟、王、虞、柳，不过一艺，己之所学乃尧、舜、周、孔之道，不必善书；又云因仆之言欲勉学之者，此皆非也。夫所谓钟、王、虞、柳之书者，非独足下薄之，仆固亦薄之矣。世之有好学其书而悦之者，与嗜饮茗、阅画图无异，但其性之一僻尔，岂君子之所务乎？然致于书，则不可无法。古之始有文字也，务乎记事，而因物取类为其象。故《周礼》“六艺”有“六书”之学，其点画曲直皆有其说。扬子曰“断木为棋，梡为鞠，亦皆有法焉”，而况书乎？今虽隶字已变于古，而变古为隶者非圣人，不足师法，然其点画曲直犹有准则，如毋母、彳亻之相近，易之则乱而不可读矣。今足下以其直者为斜，以其方者为圆，而曰我第行尧、舜、周、孔之道，此甚不可也。譬如设馔于案，加帽于首，正襟而坐然后食者，此世人常尔。若其纳足于帽，反衣而衣，坐乎案上，以饭实酒卮而食，曰我行尧、舜、周、孔之道者，以此之于世可乎？不可也。则书虽末事，而当从常法，不可以为怪，亦犹是矣。然足下了不省仆之意，凡仆之所陈者，非论书之善不善，但患乎近怪自异以惑后生也。若果不能，又何必学，仆岂区区劝足下以学书者乎。

这篇文章在表述上更加直白，却出于一番好意，可石介并不领情，仍然抱着一种“举世皆浊我独清”的态度，认为自己没有错。欧阳修见劝说无效，只得由他去了。不久之后，果然如欧阳修所料，石介因哗众取宠而出名，也因此招来了祸患。

石介上书枢密使王曾，对宋仁宗的生活进行了批判，称宋仁宗过于迷恋女色，不理朝政，如此下去有伤国体，因此触怒了宋仁宗。之后一段时间内，宋仁宗一直想惩治石介，却无奈没有合适的理由。直到石介还未正式上任御史台主簿，便上书反对宋仁宗录用五代十国的王室后裔为官时，宋仁宗终于忍无可忍，借故将石介贬往嘉州，任军事判官。

看到好友被贬，欧阳修心痛不已，于是出面为石介求情。虽然最后石介还是没能逃过被贬的命运，但是经历此事后，石介终于明白了欧阳修当初对他的劝告，一边感激欧阳修愿意在他落难时出手相救，一边感慨他颇有远见。

欧阳修与石介虽曾因意见相左而产生争执，可是这并没有影响二人的私交。特别是欧阳修为石介上书鸣不平之后，石介对他的感情又加深了一层。欧阳修的大度、理性、远见，都成为石介尊重他、敬佩他的理由。

第五节
谁知闲凭栏杆处

欧阳修为人光明磊落，好仗义执言，这种性格难免会让他得罪一些权贵。然而，也有一些人恰恰欣赏他的这种直率和坦诚。曾经的王曙正是被他的刚直敢言所吸引，进而推荐他进入馆阁，如今又有一人被他的这种性格所吸引，对他产生了好感，这个人便是御史中丞杜衍。

在《欧阳修文集》中，欧阳修这样评价杜衍："公自曾、高以来，以恭俭孝谨称乡里，至公为人尤洁廉自克。其为大臣，事其上以不欺为忠，推于人以行己取信。故其动静纤悉，谨而有法。至考其大节，伟如也。""惟其不已，既去而思。铭昭于远，万世之诒。"

欧阳修与杜衍相识已久，私下也有些交往。在杜衍眼中，欧阳修是个非常有才华的晚辈，值得被赏识；在欧阳修眼中，杜衍则是位值得尊敬的长者，德才兼备。二人成为忘年交后，时常就一些观点和学术上的东西进行交流。

当初，是杜衍推荐石介为御史台主簿的，但当石介有难后，杜衍为了自保，却没有站出来为石介说一句话。当时的欧阳修因杨家小姐的病逝而大病了一场，在家休养了一个多月，当他身体好转回到朝中后，很快便听说了这件事。

刚得知此事时，欧阳修有些气愤，认为作为石介的推荐者，杜衍有责任帮石介说话，况且石介所犯之过错并不至于被贬，于是他上书杜衍，称石介“刚果有气节，力学，喜辩是非，真好义之士也”，同时指责杜衍不明是非，有辱使命。

修前见举南京留守推官石介为主簿，近者闻介以上书论赦被罢，而台中因举他吏代介者。介，一贱士也，用否未足害政，然可惜者，中丞之举动也。

介为人刚果有气节，力学，喜辩是非，真好义之士也。始执事举介，议者咸曰知人之明，今闻其罢，皆谓赦乃天子已行之令，非疏贱当有说，曰当罢，修独以为不然。主簿于台中，非言事之官，然大抵居台中者，必以正直、刚明、不畏避为称职。今介未履台门之阈，而已因言事见罢，度介之才，不止为主簿，直可任御史也。是执事有知人之明，而介不负执事之知矣。

——《上杜中丞论举官书》（节选）

欧阳修在写《上杜中丞论举官书》时，完全没有在意他与杜衍之间的辈分和官职差异，只是一心想为好友讨一个公道。他批评杜衍不能仗义执言，任由朝廷将一位适合为御史的正义之人贬官下放，没有尽到中丞的职责。他认为，身为中丞，“上虽好之，其人不肖，则当弹而去之；上虽恶之，其人贤，则当举而申之，非为随时好恶而高下者也”。

欧阳修说：“况今斥介而他举，必亦择贤而举也。夫贤者固好辩，若举而入台，又有言，则又斥而他举乎？如此，则必得愚暗懦默者而后止也。伏惟执事如欲举愚者，则岂敢复云；若将举贤也，愿无易介而他取也。”他认为，杜衍亲自举荐了石介，又弃之不管的做法是一种出尔反尔的行为，说明杜衍其人“自信犹不果”。

欧阳修认为，石介虽然平日言行偏激，但就反对宋仁宗录用五代十国后裔之事而言，石介不但无过错，反而表明他对朝廷忠心耿耿。他深知真正令石介被贬的原因并不在此，而是石介曾对皇帝的私事指指点点，令宋仁宗的心里结了个疙瘩，如今宋仁宗只是找借口将石介赶出朝堂而已。

欧阳修也知道，杜衍心里和他一样，都十分清楚石介被贬的真正原因并非表面上看起来那么简单。在文章的最后，欧阳修指出，杜衍的这种做法会让其他主簿不再敢推荐正义直言之人，以至于朝廷之中再无敢言之士，只剩下一群唯唯诺诺、趋炎附势之人，如此一来，朝廷将面临巨大的危机。

欧阳修对杜衍的冲撞并没有引起他的反感，反而让他对这个后辈更加刮目相看。在这之前，他欣赏欧阳修，是因为他的才学和为人，而这件事又让他从欧阳修身上看到了一个闪光点，那就是直率和果敢。杜衍虽然不敢当面反对朝廷的决定，但他也不是一个不明是非之人，所以面对欧阳修的指责，他非但没有生气，反而坦然地接受了。

类似这样的事情后来也时有发生，但是欧阳修的这种性格和作风却不能被所有人接受。虽然欧阳修坚持正义，对事不对人，可并不是所有的官员都能如杜衍这般明事理、讲仁义，大部分人面对别人的指责时，心里难免会有不悦、不服、不甘，认为对方是在故意针对自己，从而生出些恨意来。

生活之中，人与人的关系往往会影响一些事情的发展，当两个人的关系变得亲密时，就难免会相互生出一些包庇之心，即使明知对方犯错，也要为其开脱和辩护。欧阳修却不会这样，对待朋友如此，对待亲人也是如此。这使得欧阳修在一些人的眼中成为不近人情的人。

范仲淹以文学侍从的身份回到朝中后，不改本色，仍然屡屡谏言，与皇帝讲政论道。不仅如此，他还大刀阔斧地开展工作，并时常干涉刑部之事，根据自己的判断擅自对狱中人应受的刑罚进行改判，使得当时担任纠察在京刑狱之职的胥偃非常不满。

景佑三年（1036 年），胥偃与范仲淹之间的冲突越发激烈，于是胥偃向朝廷上书，控告范仲淹判案时过度。朝中其他一些与范仲淹有嫌隙的人也纷纷表示赞同，希望他能够因此事离开朝廷。此时，曾身为胥偃女婿的欧阳修却站到了范仲淹的一边。

欧阳修此举令胥偃很失望，他希望欧阳修站到自己的一边，可是劝说过后，他的心情从失望变为气愤。欧阳修对胥偃也有些失望，虽然胥偃对他有知遇之恩，又曾与他同为一家人，在他的心中有着重要位置，可在是非面前，他绝不允许自己感情用事。

胥偃不明白欧阳修的用心，只当他背弃了自己，于是渐渐与他疏远了。欧阳修心里自然苦闷，可又别无他法，只能眼看着曾经的亲人一天天与自己形同陌路。

欧阳修的这种性格使他失去了一些朋友甚至亲人，但令他感到欣慰的是，还是有一些懂他的人愿意留在他的身边。他们愿意与他交谈，在他的指点下拨开迷雾，开阔眼界。他的一位好友苏舜钦便曾在文中记载道："城南访永叔，共可豁蒙蔽。"

在许多好友的眼中，欧阳修有着高尚的人格，有着清晰的头脑，他能够成为他们人生道路上的指路人和引导者，带着他们看清世间的形势，走向正义的终点。所以，他们愿意与他为伍，愿意听从他的劝导，无论是在文学还是政治的道路上，都愿与他为伴。

第四章

入仕·气盛奈何路坎坷

第一节
野岸无人舟自横

花开花又谢，转眼间又是一年，又到了正月十五赏花灯的时候，可是此时，欧阳修的身边已经没有了陪伴他的佳人。走在街头，看着街上来往的人们脸上洋溢着的笑容，欧阳修的心里闪过一丝寂寞之感，在这样的节日里，有谁不想与心爱的人一起欣赏那一团团柔光呢？

纵使平日里总将心思和精力投在对政事的关心上，可此时的欧阳修也想让自己的心小小地休息一下。他坐下来，想起去年元夜时与佳人相约共赏花灯的情景，想起家中曾经柔情软语萦绕的日子，一首《生查子》从他的心头流出。于是，便有了那句千古名句："月上柳梢头，人约黄昏后。"

去年元夜时，花市灯如昼。

月上柳梢头，人约黄昏后。

今年元夜时，月与灯依旧。

不见去年人，泪湿春衫袖。

——《生查子·元夕》

过去的一年里，为了平抑心中的悲伤和对亡妻的思念，欧阳修将自己的时间排得很满，不是在馆阁校勘藏书，就是外出考察，让自己没有多愁善感的时间。在考察中，他发现宋朝已经不像看上去那么牢不可破、繁华完美，在许多人们看不到的地方，早已有了些漏洞。

欧阳修在《原弊》一文中写道，宋朝的社会中存在着三种主要弊病，即“诱民之弊”、“兼并之弊”和“力役之弊”。“夫此三弊，是其大端。又有奇邪之民去为浮巧之工，与夫兼并商贾之人为僭侈之费，又有贪吏之诛求，赋敛之无名，其弊不可以尽举也，既不劝之使勤，又为众弊以耗之。……天下几何其不乏也！”

此外，还有“不量民力以为节”，“不量天力之所任”，欧阳修认为这些都是社会中的弊端。欧阳修提倡民本思想，认为国家应该以民为本，关心民生，先安抚民众，让民众过上安稳的生活，保护农业生产，才能让财政危机真正得到缓解。

欧阳修在文中指出，自古以来，农业是天下之本，如今的官吏轻视农业，将务农看作低贱之事，便是忽略了立国之本。官吏们不但不考虑发展农业，还通过赋税将农业物资据为己用，这样不但会伤害农民，令农业发展滞后，还会影响国家的发展。

欧阳修提议君王应有节制地使用物资，同时爱护百姓，百姓们就会心甘情愿地将物资献给君王，从而维持平衡。否则，农民无法满足自己的生活，只能以糠麸为食，必然会损害农业生产，进而使经济危机越来越严重，造成恶性循环。

欧阳修将自己的观点尽书于纸上，建议朝廷以务农为根本，不要诱使农民离开土地去当兵，不要让大地主无尽地兼并土地并对农民放高利贷，不要给农民施加过重的徭役。

此时，范仲淹也没有停止对朝政的关注。与欧阳修不同的是，他将着眼点放在了惩治腐败官吏方面，而他最大的目标人物便是当朝宰相吕夷简。吕夷简在刘太后摄政时便已是宰相，后宋仁宗亲政，他仍为宰相，朝中大小官员见状，知他位高权重，于是纷纷投奔于他。

既然是投奔，自然少不了贿赂和献媚，一时之间，朝中掀起了贪污腐败之风。其他官员惧于吕夷简的地位，即使对贪腐之事心知肚明，也不敢直言，可范仲淹是何人，他一生最不惧权贵，不屑于那些卖身求荣之人，于是他上书宋仁宗，建议宋仁宗亲自掌握官吏的任用权，不要交给宰相。

为了让宋仁宗更清楚地看到官场现状，范仲淹作了一幅《百官图》，并一一向宋仁宗说明每个人的晋升过程，将那些买官之人一一挑出。吕夷简得知此事后暴跳如雷，于是根据自己对宋仁宗的了解，在宋仁宗面前恶意中伤范仲淹，说他“私结朋党”。

宋仁宗一生最忌官员私下结成朋党，听到吕夷简这样说，便立刻将范仲淹贬至饶州。许多熟悉范仲淹为人的正直官员出面为他求情，全都遭到了贬斥，一些平日里与范仲淹交好的官员更是没能逃过一劫。其他官员见状，纷纷闭上了嘴巴，对他们而言，保住自己的乌纱帽比什么都重要。右司谏高若讷为了自保，甚至落井下石，大加诋毁范仲淹，称他平日里便谋求升进，为人不当，理当被贬。

看到自己尊敬的人受到如此待遇，欧阳修再也抑制不住胸中的愤怒，挥笔疾书，写下了《与高司谏书》，将高若讷趋炎附势、只知谄媚讨好的嘴脸刻画得栩栩如生，并将他的丑恶灵魂活生生地从皮囊中剥了出来。

夫正直者，不可屈曲；有学问者，必能辨是非。以不可屈之节，有能辨是非之明，又为言事之官，而俯仰默默，无异众人，是果贤者耶！此不得使予之不疑也。自足下为谏官来，始得相识。侃然正色，论前世事，历历可听，褒贬是非，无一谬说。噫！持此辩以示人，孰不爱之？虽予亦疑足下真君子也。是予自闻足下之名及相识，凡十有四年而三疑之。今者推其实迹而较之，然后决知足下非君子也。

前日范希文贬官后，与足下相见于安道家。足下诋诮希文为人。予始闻之，疑是戏言；及见师鲁，亦说足下深非希文所为，然后其疑遂决。希文平生刚正、好学、通古今，其立朝有本末，天下所共知。今又以言事触宰相得罪。足下既不能为辨其非辜，又畏有识者之责己，遂随而诋之，以为当黜，是可怪也。夫人之性，刚果懦软，禀之于天，不可勉强。虽圣人亦不以不能责人之必能。今足下家有老母，身惜官位，惧饥寒而顾利禄，不敢一忤宰相以近刑祸，此乃庸人之常情，不过作一不才谏官尔。虽朝廷君子，亦将闵足下之不能，而不责以必能也。今乃不然，反昂然自得，了无愧畏，便毁其贤以为当黜，庶乎饰己不言之过。夫力所不敢为，乃愚者之不逮；以智文其过，此君子之贼也。

昔汉杀萧望之与王章，计其当时之议，必不肯明言杀贤者也。必以石显、王凤为忠臣，望之与章为不贤而被罪也。今足下视石显、王凤果忠邪？望之与章果不贤邪？当时亦有谏臣，必不肯自言畏祸而不谏，亦必曰当诛而不足谏也。今足下视之，果当诛邪？是直可欺当时之人，而不可欺后世也。今足下又欲欺今人，而不惧后世之不可欺邪？况今之人未可欺也。

——《与高司谏书》（节选）

在信的结尾，欧阳修挖苦道："直携此书于朝，使正予罪而诛之，使天下释然知希文之当逐，亦谏官之一效也。"他本以为高若讷读过之后会心生愧意，却不想他收到信后恼羞成怒，真的将此信呈给了宋仁宗，并称欧阳修意在讽刺皇上非明君，随意驱逐意见不同的贤臣。宋仁宗以欧阳修是范仲淹朋党为由，将他贬至夷陵任县令。命令一下达，御史台的官吏们便踏破了欧阳修家的门槛。这些官吏为了讨好上级，表现自己的忠心，每天都会上门来催促欧阳修一家快些搬走。欧阳修好言请他们宽限些时日，让他们收拾行李，可是那些官吏仿佛没有听见一样。

命令下达后的第五天，欧阳修一家被赶出了汴京的住宅。欧阳修本打算雇一辆马车，从陆路前往夷陵，可是由于出发时间太紧，一时间雇不到车马，他只得带着一家老小走水路前往夷陵。

欧阳修的仗义执言使他的仕途上步入了一个低谷，他不得不离开京城，前往偏远的夷陵县。京城的生活虽然艰苦，“窘衣食，欲饮酒，钱不可得”，可馆阁之职至少能让他们一家人获得温饱。如今即将前往县城，官职降了，俸禄少了，日子怕是更加难过了，想到这里，欧阳修感到有些对不起家人。

看着栖身在船里的母亲和妹妹，欧阳修心里很是煎熬。欧阳修五十六岁的母亲得知儿子心中所想后，柔声安慰他不要有负担，只要一家人在一起，没有过不去的坎儿。而且她早就知道，儿子有着这般耿直的性格，在外自然少不了要受委屈、招祸患，所以即使家境有所改善之后，她仍然坚持过着清贫的日子，就是预防有一天面临这样的事情。

母亲的慈祥和理解让欧阳修心中稍安，他自己也不是没有想过总有一天会遇到这样的事情，可他就是改不了本性——那种正直、敢言、不屈的本性。那种本性占据了他的整个灵魂，使他在日后的道路上纵然走得艰难，也要无愧于良心。

第二节
无风水面琉璃滑

小船缓缓前行，驶离了汴京。欧阳修在回忆起这段旅程时，曾用轻松的语气写道：“自南行，所幸老幼皆无病恙，风波不甚恶，凡舟行人所惧处，皆坦然而过。”而事实上，并非如此。

不知上天是否舍不得欧阳修这么快离开，船刚刚驶出汴京东水门时，汴河的水流突然变得湍急起来。船夫努力将船驶向岸边，可是船却一直不肯靠岸，最后竟然在河中打起了转。摇晃的船身让欧阳修的母亲感到十分不舒服，欧阳修有些焦急，正当他想将船快些靠岸时，船身突然剧烈摇晃了一下，差一点儿翻过去。

最后，小船还是靠了岸。欧阳修找了一处暂避的场所，将受到惊吓的母亲和妹妹安排在那里住下。欧阳修的一些朋友打听到他的临时住所，纷纷前来为他送行，一些人聊到夜深还舍不得离开，便在欧阳修处过夜，与他继续畅聊。

欧阳修一家停留了两日后，再一次出发了。一路上，欧阳修在许多地方都稍作停留，而那些停留之处都有他的朋友。他们热情款待他，与他共饮，并给予安慰，欧阳修一一谢过朋友们的好意，酒过饭毕，便又动身了。

欧阳修离开汴京后，许多有识之士纵然不敢正面批评朝廷，却也难以掩盖内心的正义感。他们作诗、写文，对范仲淹、欧阳修等在此场灾难中被贬的同僚们表示安慰和支持，这让欧阳修等人感到了一些欣慰。

无奈文人们的力量还是太过薄弱，虽然他们有心帮助欧阳修和范仲淹，却抵抗不了吕夷简在朝中的势力。更何况历代君王大多注重面子，即使明知自己失误，也不会承认，更不会让天下人都知道他的过错，所以无论其他人如何求情，宋仁宗都始终不为所动。

在楚州，由于暴风雨和冰雹来袭，欧阳修不得不多停留了些时日。在这里，他遇到了同样遭到贬斥的余靖，交谈之中，欧阳修劝余靖不要作“戚戚之文”，要保持一颗坦荡的心。

在一行朋友的陪伴下，欧阳修在楚州度过了他三十岁的生日。常言道，“三十而立”，正值而立之年的欧阳修决定，无论接下来的生活会是什么样子，他都会勇敢地面对，好好地生活，照顾好母亲和妹妹。

到达真州时，一位仰慕欧阳修已久的商人李迁主动邀请他一家与自己同船。商船自然要比欧阳修一家雇的小船舒适得多，欧阳修考虑到家中女眷较多，母亲又年事已高，于是谢过之后便应允了。

坐在李迁的商船上，欧阳修也得以有闲情去欣赏沿途的景色。他又一次看到了长江，记得第一次看到长江时，他的第一任妻子刚刚去世不久，他的心情正郁闷不已。这一次，他的心情同样有些郁闷，可却不再是个人的小情绪，而是关乎于政治和民众。

欧阳修调整好心情，去欣赏那壮丽的山水，看远处平坦宽阔的江面上倒映着的夕阳的倩影，看夜空中的北斗星，看两岸红透了的枫叶。

离开汴京已有数月，不知不觉中，季节也发生了更替。秋风吹去了盛夏的热，吹散了空中的云。晴朗的天空中，一排大雁正向南方迁徙。突然，一支冷箭打乱了它们整齐的队伍，幸而没有大雁被射中，它们只用了片刻时间便重新排好了队形，继续前行。

想到自己在政治上的遭遇，欧阳修写下了《江行赠雁》一诗。

云间征雁水间栖，缯缴方多羽翼微。
岁晚江湖同是客，莫辞伴我更南飞。

欧阳修感慨自己同围猎下的江雁一般，“岁晚江湖同是客”，请江雁“莫辞伴我更南飞”。

细论起来，欧阳修并没有罪，他只是遭到了别人的陷害而已。无论作诗几首，欧阳修心里那份因被贬而生的伤感都难以平复。他在江州的琵琶亭作了一首《琵琶亭上作》。

九江烟水一登临，风月清含古恨深。

湿尽青衫司马泪，琵琶还似雍门琴。

欧阳修还用“今日始知予罪大，夷陵此去路三千”来反讽自己心中的不服，可是他这种不服也只能是一种个人的情绪，没能带他脱离不利的处境。

水路总比陆路难行，离开汴京之后的五个月里，每一次大风浪的侵袭都让欧阳修一家提心吊胆，彻夜难眠。与李迁分别后，他们登上了前来迎接他们的官船。之后，又是一个月的水路。经过了公安渡、江陵府、江陵等地，欧阳修一家终于到达了夷陵。

路过江陵府时，欧阳修按照礼数去拜见了所辖州县长官。欧阳修知道自己身处逆境，所以一向不屑于朝廷繁文缛节的他如今也不得不低身下拜。在此之前，他也思考过应该如何度过被贬之后的日子，最后他与尹洙约定，无论贬官生涯有多痛苦、多艰难，都不可酗酒放纵，而要尽责尽职，做好自己的工作。

尹洙与欧阳修一样，都因范仲淹一事而被贬。当得知余靖因为范仲淹辩护而遭到贬斥后，尹洙主动向宋仁宗表明，自己与范仲淹既是师生也是朋友，若范仲淹有罪，自己也当同罪，于是被贬为郢州监酒税。

曾经一同在文学天地里纵横的好友，此时却只能在各自不适合的岗位上工作，不得不说是一件悲哀的事情。欧阳修所在的夷陵，环境险恶，景色凄凉，很容易让人的心也跟着低落起来。欧阳修虽然时刻提醒自己，千万不可一蹶不振，可一些悲伤的情绪还是时常围绕着他。

人在经历过极大的落差后，总会不由得怀念起曾经有过的美好和单纯，欧阳修也是如此。刚到夷陵时，他时常会想起自己在洛阳的那些日子，想起那里艳丽的牡丹，想起那里自在幸福的生活。

夷陵地处偏僻，这里的百姓认为，被贬到此地的官员多是朝廷不看好的人或是有罪之人，所以对于欧阳修，他们心里有一万个不满意和不服气，连见面时都直呼其名，更不要说给予礼遇、表达敬重了。

若说百姓们有此态度是因为愚昧，那么上级官员对待欧阳修的态度更是让他感到屈辱。“设有大会，使与州校狱人为等伍。得一食，未彻俎而先出。上官遇之。喜怒诃诘，常敛手慄股以伺颜色，冀一语之温和不可得。”

在夷陵受到的待遇让欧阳修感到心寒，唯一让他心又暖起来的，是他遇到了一位旧交朱庆基。夷陵隶属峡州，此人身为峡州知州，却不在意官职的高低和身份的尊卑，只当欧阳修是一位许久未见的故人，准备了酒菜为他接风，并与他把酒言欢。

朱庆基心地善良，得知欧阳修刚到此处，尚无居所，便命人在夷陵县衙大堂的东侧为欧阳修新建了一座房子。欧阳修对朱庆基感激不尽，他终于在这个陌生的地方有了落脚之处，接下来的日子里，他便可以开始新的生活了。

第三节

水面风来酒面醒

住在朱庆基为他修建并起名为“至喜堂”的房子里，欧阳修的心渐渐平静下来。“至喜堂”取自“既至则喜”，朱庆基希望欧阳修既然到了夷陵，那么便以“既来之，则安之”的心态在这里住下，欧阳修也开始努力让自己适应这里的环境。一段日子住下来，欧阳修竟然真的习惯了这里，喜欢上了这里。

起初，欧阳修很不适应当地的风俗习惯，当他经过那狭窄得只容行人、不容车马的小街，闻到满街腥臭的咸鱼味，看到茅草搭建的民舍中厕所和厨房相临的场景时，不由得频频皱眉。初到夷陵时，欧阳修曾寄给苏舜钦一首诗：

三峡倚迢峣，同迁地最遥。

物华虽可爱，乡思独无聊。

江水流青嶂，猿声在碧霄。
野篁抽夏笋，丛橘长春条。
未腊梅先发，经霜叶不凋。
江云愁蔽日，山雾晦连朝。
斫谷争收漆，梯林斗摘椒。
巴賨船贾集，蛮市酒旗招。
时节同荆俗，民风载楚谣。
俚歌成调笑，摖鬼聚喧嚣。
得罪宜投裔，包羞分折腰。
光阴催晏岁，牢落惨惊飙。
白发新年出，朱颜异域销。
县楼朝见虎，官舍夜闻鸮。
寄信无秋雁，思归望斗杓。
须知千里梦，长绕洛川桥。

——《初至夷陵答苏子美见寄》

欧阳修在诗中用“江云愁蔽日，山雾晦连朝”表达了心中的愁绪；用“光阴催晏岁，牢落惨惊飙”描述了自己的处境；用“须知千里梦，长绕洛川桥”表达了自己对洛阳生活的思念。从这首诗中可以看出，欧阳修当时的心情非常低落，对夷陵抱有强烈的排斥心理。

后来，欧阳修发现，夷陵虽然地处偏僻，但是民风却很淳朴，极少有偷盗之事发生。而且，此地“有稻有鱼”，又有“橘柚茶笋四时之味”，可保日常三餐健康自然。闲来无事，欧阳修也会去附近的山川游览一番，那些风景给他的感觉不再是荒凉，而是“江山美秀”。

夷陵是一个文化气息较淡的县城，这里的居民大多没读过书，不识字。每当居民遇到田契方面的问题，总会第一时间找到官府，可是官府的官吏也没有什么文化，所以主要根据涉案人员的陈词，再凭自己的直觉来断案。若是官吏正直，尚且会仔细调查，还受害者一个公道；若是官吏腐败，则冤案错案在所难免。

在其职，尽其责。身为县令，欧阳修整理好了自己的情绪，便开始履行作为县令的职责。欧阳修上任后，发现这里不但没有健全的法律，连对案件的记录都残缺不全，于是他上任后的第一件事，便是整顿吏治，修订当地法制，一忙就是半年。

生活在夷陵这样的小县城里，消遣的方式自然少了许多，何况欧阳修已与尹洙有约定，不再放任饮酒，懒散怠慢。所以，闲暇之时，欧阳修便坐在府中翻阅以往的卷宗。

欧阳修发现，夷陵虽小，可当地的腐败问题却很严重。以往的官吏徇私枉法之事不少，所以在记载旧案的卷宗中，他看到了不少冤假错案——有的扭曲黑白，颠倒是非；有的无中生有，强加罪名；有的收受贿赂，徇私枉法。旧案已结，且有些涉案之人已不在人世，实在无法挽回。欧阳修一边叹息，一边暗下决心，既然自己来了，就一定不会让这种事情再度发生。

为了整顿吏治，欧阳修制定了一套新法规，并警示所有的官吏，不得再有收受贿赂、徇私舞弊之举，一经发现，严惩不贷。在他的严格治理下，当地的吏治有所好转。

工作虽忙，却也不是一点儿闲暇时间都没有。每当空闲下来，欧阳修都会去拜访好友，和他们聊聊天，或者一起出去走走。除了峡州的知州朱庆基外，欧阳修在这里还遇到了一位旧友——峡州的军事判官丁宝臣。在丁宝臣的引荐下，他又结识了峡州推官朱处仁。有了这些朋友相伴，欧阳修感到自己不再孤单了。

欧阳修与丁宝臣相识于汴京。那一年，丁宝臣与他的兄长丁宗臣一同考取了进士，兄弟二人来到汴京后，结识了欧阳修，感到和他很投缘，便一直没有断了来往。丁宝臣到峡州上任前，欧阳修还作诗一首赠予他，没想到如今二人会以这样的方式相见。

丁宝臣对欧阳修的遭遇深表惋惜和同情，早在欧阳修途经江陵建宁时，他便已去了书信慰问，令欧阳修“不胜甚喜”。欧阳修认为，自己是戴罪之身，能得到如此礼遇，“可谓幸矣”。

他乡遇故知总是令人喜悦的，与旧友们的重逢让欧阳修重拾了对生活的热情。自从搬入“至喜堂”，欧阳修的心情渐渐好转了。之后，与旧友的重逢和与新友的相识更让他感到鼓舞。在好友的陪同下，他游览了峡州的山川和古迹，充满温情的生活让他心中的感性又一次迸发出来，促使他创作出许多充满感情色彩的诗作。

在夷陵附近的山谷间，欧阳修见到了许多黄杨树，这种常绿灌木生长的地方比较险峻，很少有文人会注意它们，更少有人会喜欢它们，欧阳修却对它们产生了不同的感情。在他眼中，那些盘根错节于石崖上的黄杨树象征了一种生命的操守，它们不畏环境的艰苦，岁寒愈茂，坚贞不移，其品质实在难得。

欧阳修由黄杨树联想到自己的处境，此时被贬于偏僻之所的他，不也正如生长在江畔崖巅的黄杨树一般？既然黄杨树能够在无人赏识的环境中坚毅生长，自己何不效仿呢？

由此，欧阳修发出了“节既晚而愈茂，岁已寒而不易”的感慨，他欣赏黄杨树的气节，欣赏它们的生命力，所以有意与它们为伍，鼓足勇气去开拓新的人生。

西陵江口折寒梅，争劝行人把一杯。

须信春风无远近，维舟处处有花开。

——《戏赠丁判官》

在诗中，欧阳修写到“须信春风无远近，维舟处处有花开”。这两句诗表明他已经对这里的生活产生了希望，所以才会感到“春风无远近”、“处处有花开”。若是他的心情仍然低落，是断然写不出这样的诗句的。

在夷陵，吏治的黑暗对欧阳修的文学创作和政治生涯都产生了一定的影响，他所见到的现实是黑暗的，可这些黑暗对他产生的影响却是积极的。在这一时期，他所创作的诗歌内容一改以往的风花雪月，转变为深沉而独到的情感抒发。

夷陵的古迹也深深地吸引了欧阳修，令他不由自主地去探索、寻访。他从当地一位处士那里听说了许多峡州一带的历史掌故，他本就喜好访古，听闻这些掌故后，对当地的古迹更感兴趣，一有空闲时间便泛舟而下，寻访古迹，写下笔记，并收录于他的《集古录跋尾》中。

除了古代的历史故事，夷陵还有许多民俗传说。这些传说的真实性已无从考证，但是听上去都那样扣人心弦，令人感动。欧阳修从一位名为何参的老人那里听说了一些当地的拜神习俗，以及一些景观的传说，比如“姜诗泉”的由来和黄牛祠的得名。

在寻访黄牛祠时，欧阳修叫上了丁宝臣和朱处仁同行。谁知，丁宝臣刚靠近庙门便大声惊叫起来。欧阳修见状，急忙上前询问何故。原来，丁宝臣早在梦中到过此地，当时他在梦中见到的只有一只耳朵的石马，如今正站在庙门之外。而当时在梦中，拜神时位列于他之下的欧阳修，如今真的成为他的下属。

夷陵的所见、所闻、所感，都成为欧阳修创作的源泉。那些赞颂友情的诗句，那些借物咏志的诗篇，那些记录了湖北民俗的诗作，都成为欧阳修一生之中珍贵的作品，被后人广为称赞，在世间广为流传。

第四节
画船撑入花深处

忙忙碌碌中，欧阳修在夷陵生活已有一年之久。在这一年里，欧阳修为他的《居士集》填充了许多诗作，《初至夷陵答苏子美见寄》、《送前巫山宰吴殿丞》、《戏答元珍》、《夷陵书事寄谢三舍人》等都收录在其中。其中，他最满意的是那首《戏答元珍》。

春风疑不到天涯，二月山城未见花。
残雪压枝犹有桔，冻雷惊笋欲抽芽。
夜闻归雁生乡思，病入新年感物华。
曾是洛阳花下客，野芳虽晚不须嗟。

这首《戏答元珍》是用以作答丁宝臣赠予他的《花时久雨》的，题中一个“戏”字表明了这只是他的一篇戏作，不足以认真，但事实上，这是他不想让人知道他的失意而找的说辞。

写这首诗时，欧阳修正在病中。虽不是什么要紧的病，可人在病痛中往往会变得格外脆弱，变得多愁善感，变得喜欢怀念。偏偏当时又是新年，欧阳修正想着自己这样的生活不知何时才能结束时，丁宝臣随信寄来了《花时久雨》一诗，他的心里不由得产生了一丝波动。

唐朝的王之涣在《凉州词》中用“春风”暗指皇恩，一句“春风不度玉门关”表达了他对当朝皇帝不体恤民情、不理会在外驻守将士的行为的不满。如今，欧阳修也借用了“春风”一词，表面上是在说春天的风吹不到夷陵，实则是在说皇恩传达不到夷陵，使他不得不在此谪居。

不过，诗的结尾处，他又用“曾是洛阳花下客，野芳虽晚不须嗟”来表达自己的顽强和乐观。想来一是他不想让人察觉到他当时的低落情绪，二是他想使自己从这种无益的愁思中脱离出来。

仕途上的第一次挫折对欧阳修造成了重大的打击，他为此痛苦过，但痛苦过后，他变得成熟了，身上那丝浪漫悠闲之气也褪去了，他又开始进行学术方面的研究。

心态变了，看待一些事情的眼光就变了，对待一些问题的方式也变了。抛开了对功名的追求，学习就变得更加纯粹。回过头来看以前阅读过的那些书籍时，他开始研究、思考，竟然还从中挑出一些问题来。曾经被人们视为“宝典”的那些文章，如今在欧阳修眼中，却并非那么完美了。

汉、唐以来，许多先贤对儒家经典进行研究后，根据个人的理解为这些经典作了大量的注疏。由于这些先贤在学术领域都拥有较高的声望，所以后人将他们的注疏视为不可动摇的“宝典”，从未有过质疑之心。

欧阳修再次阅读时，突然发现前人的注疏中时有纰漏，有些注释不明，有些词不达意，有些模棱两可，于是他将自己发现的这些可疑之处一一记录下来，仔细研究，最后写成了论文。这些论文对《易经》、《诗经》、《春秋》中的内容都有所质疑。

在针对《史记·孔子世家》而作的文章中，他指出，“自孔子殁，周益衰，王道丧而学废，接乎战国，百家之异端起，十翼之说，不知起于何人？”以此质疑《周易大传》是孔子所作的观点。他还指出，《春秋》的三传都不可尽信，其中有许多内容是人们故意将人圣人化后用以迷惑学者的。

出自欧阳修之手的《易童子问》、《易或问》、《春秋论》等文章一经流传，便引起了人们的关注，也在当时的社会中引起了极大的反响。毕竟在他所生活的那个时代，注疏仍然是人人信奉的东西。欧阳修的这些文章无疑是在挑战传统权威。

欧阳修起初并没有打算将这些文章公开，谁知他的朋友们看过之后，一传十，十传百，最后竟然传得尽人皆知，并由此掀起了一股疑古思潮。在欧阳修的带动下，渐渐地，更多的人开始关注并质疑那些旧的东西，同时努力发现新的东西。不知不觉中，一种“新儒学”的氛围形成了。

在政治方面，欧阳修还有《本论》、《春秋论》等著作。欧阳修曾在给梅尧臣的信中提及：“闲中不曾作文字，只整顿了《五代史》，成七十四卷。”又云：“此小简立焚，勿漏史成之语。惟道意于君谟，同此也。”由此，人们推断，欧阳修的《新五代史》也是从这一时期开始准备编写的。

《新五代史》原名《五代史记》，由于是欧阳修所著，所以也有后人将《新五代史》简称为“欧史”。这是一本具有极高学术价值的史著，被后人录入了“二十四史”。赵翼在《二十四史札记》中给予了欧阳修这部《新五代史》极高的评价，称其“不惟文笔洁净，直追《史记》，而以《春秋》笔法，寓褒贬于传记之中，则虽《史记》亦不及也”。

在夷陵，欧阳修还决定与尹洙一起继续撰写当初未完成的《十国志》。在撰写的过程中，他的心渐渐沉淀了下来。

欧阳修认为，正史需要的是精简，而非冗长。他建议尹洙：“前岁所作《十国志》，盖是进本，务要卷多。今若便为正史，尽宜删削，存其大要；至如细小之事，虽有可纪，非干大体，自可存之小说，不足以累正史。数日检旧本，因尽删去矣，十亦去其三四。”

在欧阳修的主张下，二人将原有的《五史》改为纪传，并将《梁纪》与《汉周》两部合为一部。“其他列传约略，且将逐代功臣随纪，各自撰传待续，尽将《五代列传》姓名写出，分而为二。”

“庐陵事业起夷陵，眼界原从阅历增。” 每当提到欧阳修在夷陵的经历，人们总会不由得想起清人袁枚在《随园诗话》中所写的这两句话。想来确实如此。一个性情直率、正直，却因直言进谏而遭到贬斥的人，经历了这样一场打击，反而变得更加坚韧，并且在学术上有所建树，是以凡人所不能及的。

在描述自己被贬夷陵之前的生活和文章风格时，欧阳修用了“三十年前，尚好文华，嗜酒纵歌，知以为乐，而不知其非也”这样的句子。可见，对于欧阳修而言，贬至夷陵是他人生之中的一个重要转折点。他将自己后来能够得锦文华章之美归功于夷陵之逆境对他的磨炼。

欧阳修在夷陵的时间并不算太久，不到两年，他便被调去了乾德。然而，他在夷陵所做的所有事都使他得到了百姓们的爱戴。初到这里时，百姓们对他有误解，认为他是有罪之人，不足为官；离开时，百姓们却对他依依不舍，感恩戴德。为了纪念他，夷陵的后人们在城内建了“六一书院”，书院中收录了他的作品，以供人们拜读。

第五章

升迁·历经辗转终达成

第一节

泪珠滴破胭脂脸

夷陵的生活忙碌而紧凑，让欧阳修没有时间去顾及儿女私情，只是每当闲下来时，他的心里还是会有一些失落。母亲看在眼里，忧在心中，他不仅担心没有人照顾欧阳修的生活，更是担心欧阳家的子嗣问题。

欧阳修的第一任妻子只为他留下一子便撒手人寰，第二任杨氏则无子便早早故去，所以母亲很希望为欧阳修再续娶一室，无奈她相识的人不多。就在她忧心之际，一封来信给了她新的希望。

一天，欧阳修收到好友薛仲儒的来信。薛仲儒在信中提到，他的伯母金城夫人有意将第四个女儿许配给欧阳修，不知他意下如何。

其实，关于这门亲事，薛家早在三年前便提出过，当时金城夫人的丈夫薛奎尚在人世，他对欧阳修的才学非常赏识，得知他的胥氏夫人病故后，便有心将家中的四女儿许配给他，然而当时欧阳修并没有答应。

欧阳修当时没有答应薛家的婚事，主要是因为两家的身份、地位相差悬殊。薛奎曾为参知政事，相当于副宰相，欧阳修担心成长在这样富贵家庭之中的女子会性情骄纵，便婉拒了这门婚事。

而不久后薛奎突然身染重病，两个月后便病故了。一时间，薛家没了当家做主的人，且按古时风俗，父亲过世，女儿需要守孝三年，其间不得嫁人。于是，薛家人带着薛奎的灵柩回到了老家许州，为薛奎守丧，薛家四小姐的婚事就这样耽搁了下来。

没能让女儿嫁入欧阳家一直是薛家的一个遗憾。如今，薛家小姐服丧期已满，而欧阳修的第二任继室杨家小姐过世也有两年了，看着年已二十的四女儿，金城夫人又一次想到了欧阳修，并将这门亲事再一次提起。此时的欧阳修对薛家四小姐已有了些了解，他从旁人口中得知，薛家四小姐虽贵为相门之女，却毫无半点傲气，与她的父亲一样处事严谨、宽厚待人。至于其他方面更是不用说了，她不但知书达理，还懂乐理，弹得一手好琴，与欧阳修可谓天作之合。

欧阳修了解情况之后，便不想再次错过如此好的女子了，于是他将薛家的提亲告诉了母亲，母亲自然非常欢喜，催促欧阳修马上应允这门婚事，并且尽快将薛家四小姐娶进家门。

欧阳修听从母亲的嘱托，立刻向朝廷告假，前往许州迎亲。同年八月，他与薛家四小姐在许州完婚后，便带着她赶回了夷陵。

回去的路上，他们经过了偏僻的山林，也经过了险坡陡壁。对于薛家四小姐而言，这是她第一次离开家门，去到一个陌生的地方。身边之人虽是她的丈夫，可她对他并不了解。她只是从父母的口中听说过，自己的丈夫是位有才有德之人，她相信父母的选择，于是接受了这门婚事。

欧阳修曾在《自岐江山行至平陆驿五言二十四韵》中这样写道：

崎岖念行役，昔宿已为永。
岂如江上舟，棹歌方酩酊。

路途艰辛，他们一路跋山涉水，可薛家四小姐没有落过一滴眼泪，皱过一次眉，只是温顺而坚强地跟在欧阳修身边。欧阳修惊讶于薛家四小姐的坚强，有这样一位佳人与自己同行，略带艰难的旅程也变得轻松愉快了许多。

晴霞煦东浦，惊鸟动烟林。
曙河兼斗役，沓嶂隐云深。
寒鸡隔树起，曲坞留风吟。
征夫倦行役，秋兴感登临。
衡皋积涂迥，江蔼香露沉。

行矣岁华晚，归欤劳叹音。

——《将至淮安马上早行学谢灵运体六韵》

就这样，一个多月过去了，他们终于到达了终点。当欧阳修指着不远处一座萧条的小城告诉她，那将是他们未来共同生活的地方时，她的心突然就安定了。虽然那里看上去又贫穷又荒凉，可是她却有了家的感觉。

闻说夷陵人为愁，共言迁客不堪游。

崎岖几日山行倦，却喜坡头见峡州。

——《望州坡》

回到家中，有了佳人的陪伴，欧阳修的生活又变得丰富而温馨起来。薛家四小姐虽然从小生长在富贵之家，但面对欧阳修的贫穷，不但丝毫没有嫌弃，反而耐心地帮助他操持起家务来。

此后，两人相伴数十年，无论生活多么艰苦，她都从容以对，没有一点怨言，细心地打理家事，侍奉婆婆，相夫教子。这令欧阳修非常感动，他很感激上天赐给了他一位如此完美的妻子。在给薛仲儒的信中，欧阳修这样写道："室中骤过僻陋，便能同休戚、甘淡薄，此吾徒之所难，亦鄙夫之幸也。"

得妻如此，夫复何求。欧阳修非常珍视薛家四小姐，与她成婚后，他也改变了很多。早年间，他因为性格浪漫、情感丰富，也曾与一些歌伎有过一些交集。在娶得薛家四小姐后，他的生活中便再无这类风流韵事了。

曾有一次，王素为了答谢欧阳修为其父作神道碑铭，送给他一些金制的酒具。欧阳修不肯接受，并开玩笑说家中没有能够捧端这些物件的美人，请王素收回赠物。谁知王素竟信以为真，重金买来两位侍女，连同酒具一并送到了欧阳修的面前。欧阳修见自己一时的戏言被王素当了真，只得再三解释。最后，他只接受了酒具，将美女退给了王素。

夫妇二人在夷陵过了半年有余，欧阳修突然接到朝廷的恩赦，将他调到京城附近的乾德县，这一喜讯令欧阳修喜出望外。不过，他已经渐渐喜欢上了在夷陵的生活，虽然他一直期望有朝一日能够重回朝中，可突然之间让他离开这民风淳朴的县城，他心中着实有些不舍。

其实，欧阳修能够得到皇帝的恩赦缘于一个巧合。那一年，灾难频频发生，先是杭州遭受了台风的侵袭，江海翻腾，千余丈堤坝被冲毁；随后越州遭遇特大洪水，房屋和田地均被冲毁，牲畜溺毙无数；之后便是汴京、并州、代州和忻州突然地震连连，死伤者无数。

直史馆叶清臣借此机会向宋仁宗上书，称此次天灾是因范仲淹、余靖等直谏之人被贬，上天动怒，请皇帝赦免忠直敢言之士。

历代帝王都信奉神佛、相信天意，所以宋仁宗听取了叶清臣的建议，对因范仲淹一事而被贬的官员进行了安抚，但未消除他们头上那个莫须有的罪名。

在离开夷陵的路上，欧阳修看着两岸匆匆而过的青山绿水，想起自己刚到此地时的不适应和厌恶，想到此地两位好友对自己的安慰和鼓励，想到自己这一年多来所经历的一切，恍如梦一场。

而那年四月，叔父去世，他却身在夷陵不得前去奔丧。叔父照顾他多年，待他恩重如山，他却不能在叔父身边尽孝，甚至不能见上叔父最后一面，这是他一生之中的一大遗憾。数月后，叔父即将入葬，可那时的他却需在朝中为谏官，亦无法亲临叔父的葬礼，不免为此抱憾。

千丝万缕的感情汹涌而来，让欧阳修有些疲惫，不知不觉中，他沉沉地睡去了。在梦里，他仿佛看到了夷陵城外的青草渡，看到了与丁宝臣等人一起走过的山川，可是当他睁开眼后，眼前却只有一片茫茫的江水，和远处渐渐下沉的夕阳。

第二节

直到城头总是花

船驶至江陵时，欧阳修在岸边见到了他同父异母的兄长欧阳昞。欧阳昞是欧阳观与第一任妻子所生之子，长欧阳修二十余岁。俗话说，长兄为父。欧阳修与欧阳昞虽然接触不多，但对他很是欣赏，称他“为人慷慨，喜义勇而有大志，能读前史，识其盛衰之迹”。

欧阳昞也十分喜欢这个弟弟，此时的他已经年过半百，母亲早已不在人世，欧阳修便是他在世上唯一的亲人。许久不见，兄弟二人之间有说不完的话。欧阳昞将欧阳修邀至家中，两人坐在院子的小亭中，把酒对月，畅谈人生。

欧阳修十分欣赏兄长能够“方规地为池，方不数丈，治亭其上，反以为乐”，更欣赏兄长“击壶而歌，解衣而饮”，“视富贵而不动，处卑困而浩然其心”的人生态度。于是，他为兄长院中的亭子起名为“游鲦亭”，取意逍遥闲游之所。

吾兄晦叔为人慷慨，喜义勇而有大志，能读前史，识其盛衰之迹，听其言，豁如也。困于位卑，无所用以老，然其胸中亦已壮矣。

夫壮者之乐，非登崇高之丘，临万里之流，不足以为适。今吾兄家荆州，临大江，舍汪洋诞漫壮哉勇者之所观，而方规地为池，方不数丈，治亭其上，反以为乐，何哉？盖其击壶而歌，解衣而饮，陶乎不以汪洋为大，不以方丈为局，则其心岂不浩然哉！夫视富贵而不动，处卑困而浩然其心者，真勇者也。

——《游鲦亭记》（节选）

停留数日后，欧阳修告别兄长出发前往乾德。到达乾德后，他便投入到繁忙的公务之中。

欧阳修到达乾德后不久，乾德便遇上了一场大旱，百里之内没有降过一滴雨，田地里的庄稼无精打采，如同枯草一般。百姓们饱受旱灾之苦，却无能为力，只能等旱灾过去之后再进行耕种，可是却不知还要等待多久。欧阳修出城视察灾情时，有位老人告诉他，若是这一个月再不下雨，无法播种，怕是这一年都将没有收成，到那时日子也就过不下去了。说完，老人深深地叹了口气，脸上满是愁容。欧阳修见到老人这样的神情，心中悲痛万分，无奈之下，只能写下一篇《求雨祭文》，希望上天能够怜悯这些可怜的人，赐予一场甘霖。

这场旱灾持续了数日，最后终于被一场春雨化解了。农民们欢呼雀跃，纷纷感谢上天，欧阳修也松了一口气，欣然地写下了《答杨辟喜雨长句》：

吾闻阴阳在天地，升降上下无时穷。
环回不得不差失，所以岁时无常丰。
古之为政知若此，均节收敛勤人功。
三年必有一年食，九岁常备三岁凶。
纵令水旱或时遇，以多补少能相通。
今者吏愚不善政，民亦游惰离于农。
军国赋敛急星火，兼并奉养过王公。
终年之耕幸一熟，聚而耗者多于蜂。
是以比岁屡登稔，然而民室常虚空。
遂令一时暂不雨，辄以困急号天翁。
赖天闵民不责吏，甘泽流布何其浓。
农当勉力吏当愧，敢不酌酒浇神龙。

在诗中，欧阳修用简明易懂的语言揭露并抨击了社会中种种不合理的现象，并告诫所有为政之人，如何做才能令社会安定、风调雨顺。

这一场旱灾虽然过去了，可是仍然有一件事像一块石头一般重压在欧阳修的心中。他认为，自己身为此地县令，“应勤民事神以塞其则”，如今没有做到，便是他的罪过。

“吏之贪戾，不能平民，而使怨吁之气，干于阴阳之和而然也。”欧阳修认为，旱涝之灾均是人为引起，若不是百姓怨气冲天，导致阴阳失调，天就不会降此大灾。而若不是官吏腐败，令百姓无法安居乐业，百姓也就不会生出如此之多的怨气。

从科学的角度来看，欧阳修的这番关于怨气能导致天灾的理论无法立足，但他认为“吏之贪戾”会导致百姓的“怨吁之气”却是正确的。官贪则民怨，民怨则世乱。百姓一旦被逼迫到无法维持生活的地步，就会出现官逼民反的情况。古往今来，这种事情并不少见。

欧阳修认为，要想保证百姓的生活，官吏们必须“均节收敛勤人功”，公平征税，这样百姓才会有热情去耕作，勤于务农。反之，百姓们吃不饱、穿不暖，无法自给自足，自然会心生怨恨，消极务农，甚至还会引发其他的祸患。在当时的社会，像他这样思想深刻、一心为民着想的好官并不在多数。

欧阳修的意图是好的，可不知是因为他的性格，还是因为他将问题说得太透，他在处理事务的时候时常会遇到许多坎坷。当地的知军张询与欧阳修意见不一，两人时常就吏事发生争执。有时，张询还会将矛盾上报朝廷，令欧阳修进退维艰。这样的日子对于欧阳修而言实在是难熬。他只能将满腹的情绪写进诗中，寄给远在异乡的好友。

经年迁谪厌荆蛮，惟有江山兴未阑。
醉里人归青草渡，梦中船下武牙滩。
野花零落风前乱，飞雨萧条江上寒。
荻笋时鱼方有味，恨无佳客共杯盘。

——《离峡州后回寄元珍表臣》

在此诗中，欧阳修明确表达了他对夷陵生活的眷恋。在《寄圣俞》一诗中，他还提到自己“贪追时俗玩岁月，不觉万里留天涯”。

在前往乾德的路上，欧阳修曾对这里的生活报以希望，毕竟这里离京城较近，一切都相对完善，生活水平也会得到改善。然而，到达乾德后他才发现，这里虽然生活条件远远好过夷陵，可是从精神领域来看，这里简直就是一片荒漠。

夷陵的生活虽苦，但有好友相伴，可以自在交流、探讨文学，还可时常相约去寻访古迹、游览山水，可是此地“罕有学者，幸而有之，亦不足与讲论”。在这里，欧阳修一个朋友都没有，这让他感到非常孤寂。于是，研究学术再一次成为他的全部消遣。

在此期间，欧阳修编写了《诗本义》、《诗解》等学术著作，同时《十国志》和《五代史记》的编撰工作也没有停止。

在乾德，欧阳修也和以往一样，对当地的古迹有着浓厚的兴趣。除此之外，他还开始对古碑帖进行收集。在他看来，古碑帖中蕴藏着许多珍贵的信息，除了它们本身具有的书法价值外，它们还能够让后人了解一个人的过去，甚至一个朝代的过去。

欧阳修对古碑帖的热爱一发而不可收拾，为了尽可能多地收集素材，他不辞辛苦，不断出入乾德内外，一有发现就立刻记录下来。哪怕只是途经某处时遇到半截埋在泥土中的碑，他都会跑上前去，仔细观察。

有时，他在一些图经之类上看到有关古碑帖的记载，也会按图去寻那些碑。若是发现了，他便会欣喜；若是没有发现，他也不会轻易放弃，而是会在标识的附近仔细寻找，直到确定碑已不复存在，才失望地离开。

古代的碑帖由于年代久远，经受了太多风吹雨淋，上面的一些字迹已被风化，或被冲刷得模糊不清。每当遇到这类碑帖，欧阳修都会深感遗憾。若是碑帖上有些字是他无法辨认的，他定会虚心地向人请教，直到弄懂这个字是什么为止。

一次，欧阳修在一古碑上发现一怪字，于是写信给京城的尹洙。欧阳修在信中说："汉之金石之文，存于今者盖寡。惜其将遂磨灭，而图记所载，讹谬若斯，遂使汉道草莽之贤，湮没而不见。源叔好古博学，知名今世，必识此字，或能究见其人本末事迹，悉以条示，幸甚幸甚!"

对于治学之人来说，要想有所成，严谨和谦虚的态度必不可少。欧阳修不但拥有这两种态度，并且虚心接受他人的意见，有错即改，这也使得他日后在学术领域取得了巨大的成就。

第三节

楼高莫近危栏倚

世上最强烈的孤单，不是无人共枕、无人共食，而是无人能分享心中的感悟和脑中浮现的种种思想。在乾德，欧阳修虽然有知书达理的妻子相伴，可她毕竟是女子，只是略懂诗书，无法参与到学术讨论之中来。

当地学者寥寥，想要与他们探讨学术简直是难于登天，这令欧阳修时常感到憋闷。于是，他只能通过书信和远方的朋友一起探讨，互相学习。

长期见不到挚友令欧阳修如同陷入泥潭之中的青蛙，快要窒息了。当他听说阔别已久的好友梅尧臣被任命为襄城县事，谢绛被任命为邓州兵部员外郎、知制诰时，他兴奋极了。这两地距乾德都不远，这意味着他可以和他们二人时常相聚了。

梅、谢二人也同样十分想念欧阳修，他们同行至邓州之后，便写信邀请欧阳修与他们在清风镇相聚。清风镇位于邓州和乾德之间，欧阳修接到信后，恨不得立刻就赶过去，可是当时他的手中还有公事要处理，于是先回信一封，附诗一首，然后匆匆处理完公事，告假前往。

自上次见面已有五年，几位旧友再次相见时，发现彼此的脸上都添了许多岁月的痕迹，不由得感叹时光催人老。

忆昔识君初，我少君方壮。
风期一相许，意气曾谁让。
……
忻闻故人近，岂惮驱车访。
一别各衰翁，相见问无恙。
交情宛如旧，欢意独能强。
幸陪主人贤，更值芳洲涨。

——《答梅圣俞寺丞见寄》（节选）

清风镇风景秀丽、气候宜人，三人一同享受着徐徐清风，在河边漫步，在竹林中纳凉，在芳洲菱荷中欣赏美景，十分惬意。

菱荷乱浮泛，水竹涵虚旷。
清风满谈席，明月临歌舫。

已见洛阳人，重闻画楼唱。

怡然台郁写，暂尔累囚放。

——《答梅圣俞寺丞见寄》（节选）

夜幕降临，三人坐在船中，顺水漂流。看着水面上倒映着的皎洁的月影，听着湖边歌舫中传来的阵阵歌声，这样的日子令他们感到“交情宛如旧，欢意独能强”。

作为文人，见面所谈的话题自然也离不开文学。闲聊过后，三位好友便互相展示了各自多年来取得的研究成果，交流了这些年来在文学领域的心得体会。梅尧臣曾在《代书寄欧阳永叔四十韵》中用“飘流信穷厄，探讨愈精专。道旧终忘倦，评文欲废眠”来描述当时的情形。

欧阳修将自己这些年来编著的《春秋论》、《春秋或问》、《诗解》等作品拿给两位好友看。梅尧臣和谢绛读过之后，赞不绝口。看到欧阳修能在如此艰难的日子里写出如此优秀的作品，他们都很为他感到高兴。

相聚的时光总是过得飞快，几日之后，三人就不得不再次分别，回到各自的生活轨迹上。虽然心中有许多不舍，可他们都知道，自己已不再是当初那个可以任性洒脱的少年，他们的身上都肩负着为官的责任，所以必须尽其职责。

分别当日，谢绛以东道主的身份为梅尧臣和欧阳修举行了一个饯行宴，宴席就设在清风镇的西禅竹林里。宴席上没有珍馐佳肴，只有普通的饭菜，可是三人却吃得津津有味，足见情义深重。

临别前，梅尧臣送给欧阳修一首诗。在诗中，梅尧臣将欧阳修与晋代的陶渊明相比，称其与陶渊明一般，拥有高洁不屈的情操，宁可安于贫穷，也不向权贵低头。他同时也劝慰欧阳修，切不可因一时不济而郁郁寡欢、伤心伤身。欧阳修谨记好友的劝慰，回到乾德，继续尽职尽责地做县令。

同年夏天，为了防范西夏对宋朝的侵犯，宋仁宗广召壮士，扩充军力，同时在苏舜钦的建议下，重新起用之前被贬的"刚明鲠直"之文官。欧阳修被任命为复镇南军节度掌书记、滑州判官。

自接到任命起，欧阳修便卸下了县令一职，但由于现任滑州判官任期未满，他便难得有了一段短暂的假期。在谢绛的邀请下，欧阳修携家眷前往邓州，住进了谢绛的府中。

谢绛为人慷慨、乐善好施，欧阳修在他的家中见到许多年龄不一的孩子，一问才知这些孩子都是谢绛远房亲戚家的孩子，其中一些失去了父母，无依无靠，另一些则家境过于贫寒，难以维持生活。谢绛得知他们的生活状况后，主动将他们接到自己家中，独自一人承担起他们的生活。

以谢绛的俸禄，维持四十余口人的生活实属不易。欧阳修得知这一切后十分感动，由衷地敬佩好友的这份仁心仁爱，所以在谢绛家中小住时，他也不时地帮忙照顾一下这些孩子，尽一下自己的绵力。

虽然谢绛常常因公事繁忙，抽不出身陪伴欧阳修，但他并不觉得无聊。在谢绛家中，欧阳修以阅读谢绛这些年来的诗作为乐，一边阅读，一边赞叹他的诗才又上了一个境界。

在谢绛的诗作中，欧阳修读到许多描写当地百花洲的作品，那些描写令他产生了一种身临其境的感觉，也令他也忍不住想要前去看一看。于是，他独自去了位于城东南隅的百花洲。

初在谢绛诗中读到百花洲的景象时，他便已经被迷住了，不由得作诗来唱和谢绛的诗。他亲临之后，更是格外惊喜。鱼儿自在地在水中游来游去，亭亭的荷叶在微风中摇曳，池内的荷花散发出沁人的清香。这样的景色令他诗兴大发，他自顾自地在水边吟咏起来。

秋水澄清见发毛，锦鳞行处水纹摇。

岸边人影惊还去，时向绿荷深处跳。

——《鱼》

天高月影浸长江，江阔风微水面凉。

天水相连为一色，更无纤霭隔清光。

——《月》

野岸溪几曲，松蹊穿翠阴。

不知芳渚远，但爱绿荷深。

荷深水风阔，雨过清香发。

暮角起城头，归桡带明月。

——《和圣俞百花洲二首》

待谢绛忙完了公务，欧阳修便与他一起漫步江边，看月亮从高高的天空中投下一道清影，直直地浸入长江之中，感受晚风拂过江面时带给他们的清凉。看那水天相接之处，波光闪闪，令人沉醉。

在邓州，欧阳修过得自在闲适，唯一的遗憾是梅尧臣当时公务缠身，没能去谢绛府上与他同住。在写给梅尧臣的信中，欧阳修颇为可惜地写道："南阳之居，依贤主人，实佳事，但恨圣俞不在尔。"

在谢绛府中小住时，欧阳修得知了一个令人悲伤的消息，他的恩师胥偃在京城病逝。初闻此事时，欧阳修心中一惊，虽然自上次一事后，胥偃与他已有嫌隙，不再与他来往，但欧阳修仍将胥偃视为自己最敬重的人，以父之情待之。想到自己初次离家后，胥偃对自己的照顾和栽培，欧阳修深感痛惜。

在《与刁景纯学士书》中，欧阳修感叹道："嗟夫，世俗之态，既不欲为；愚诚所守，又未克果。惟有望门长号，临柩一奠，亦又不及。此之为恨，何足道也！"

滑州节度判官离任之日将至，欧阳修也要告别谢绛，前往滑州赴任了。然而，就在此时，谢绛却突染重疾。谢府上下四十余口人一时间乱了阵脚，情之所至，欧阳修便没有立刻离开，而是代谢绛照顾起这个大家庭来。遗憾的是，谢绛最终还是医治无效，与世长辞，享年四十五岁。

谢绛去世后，欧阳修主动处理好友的丧葬事宜。谢绛一生清廉，家中“廪无余粟，家无余资”，无钱下葬，欧阳修便出面为谢绛置办丧衣，筹备葬礼。但是由于筹备到的资金有限，谢绛未能葬回富阳祖坟，而是葬在了邓州西南山上。

谢绛入葬后，欧阳修为他写了祭文和挽词，还作了《尚书兵部员外郎知制诰谢公墓志铭》。安顿好谢绛的家人后，欧阳修决定去一趟襄城，与梅尧臣小聚一段时日，以此缓解心中的丧友之痛。

临行前，欧阳修望着好友长眠的地方，静静地站立了许久。随后，他转过身，离开了这个曾令他备感幸福，如今却装满痛苦的地方。

第四节

扁舟远送潇湘客

寒冬至，出邓州，过南阳，到襄城。见到在郊外等候的梅尧臣，欧阳修不由得又想起三人曾经在一起的时光，心中感触万千。梅尧臣亦是如此，一时间二人哽咽得说不出话来，眼中满是泪水。

谢绛的去世对欧阳修和梅尧臣都是一场重大的打击。梅尧臣与谢绛情同手足，公事繁忙的他因没能见到谢绛最后一面而感到自责。他想要承担起谢家家眷们的生活，将自己每月的俸禄分给她们一部分，无奈谢夫人坚持不收，梅尧臣只得作罢。

在襄城，欧阳修与梅尧臣相互安慰、相互扶持，度过了一段时光。次年春天，滑州节度判官任期已满，欧阳修便到滑州正式上任了。

此时，宋夏大战已爆发。西夏的君王元昊带兵大举侵宋，宋朝的守将或骄横轻敌，或不懂兵法，以致宋军连连败退，失去了大片国土。随着西北边境一带接连沦陷，宋朝陷入了严重的社会危机。

欧阳修意识到，外患起源于内忧，长久以来宋朝官僚的腐败、荒淫无度，以及肆意敛财，都是造成宋朝外强中干的原因。于是，他想到了变革，只可惜他的官职较低，无法直接向朝廷提出这些建议。

幸好朝中存在许多与欧阳修一样的有识之士，如富弼建议宋仁宗解除“戒越职言事”的禁令，广开言路，允许各级朝臣直言进谏，同时将韩琦、范仲淹、尹洙等曾因直谏而受到贬斥的官员重新委以重任。在一系列的改革下，延州一带的边防得到了大力改善，及时抵御了西夏的侵犯。

欧阳修身在滑州，却时刻关注着边疆战事以及朝中动态。听闻范仲淹再次受到重用，他心中甚喜，满心期望自己也有机会参与其中，与自己崇敬之人一同效命沙场。谁知他的愿望只成真了一半，范仲淹确实向朝廷推举了他，然而他最后得到的职位却只是书吏之职。

书吏的职责不过是撰写军中文书，再无其他。欧阳修对这一职位感到十分失望，他本就不喜那种四六传统文书，何况他所期望的是真正参与到主持防务、出谋划策的工作中去。于是，在《答陕西安抚使范龙图辞辟命书》中，欧阳修写道：“若夫参决军谋，经画财利，料敌制胜，在于幕府苟不乏人，则军书奏记一末事耳，有不待修而堪者矣。由此始敢以亲为辞。”

欧阳修表面上的拒绝理由是要留在年老的母亲身边尽孝，不便远行。其实，这只是一种委婉的说辞罢了，他真正的理由是不愿以文士见召。他说，时文本就非他所好，曾为了考取进士，不得已而为之。“今废以久，惧无好辞以辱佳命。”

不肯赴命，并不代表欧阳修就此不再关心国事，恰恰相反，在与范仲淹的书信中，他还时时提醒范仲淹欲速则不达，对待军事务必要“较彼我之利否”，不能因想快速取胜而忽略细节、失掉谨慎。

在滑州的日子里，欧阳修将大部分精力放在编写和研究《新五代史》上。按照他的计划，这部《新五代史》应该起到鉴古知今的作用，所以在涉及一些传奇人物时，他会着重丰富这些人的材料，使其形象更加突出，能够对世人起到榜样的作用。

为了编写好《新五代史》，欧阳修阅读了大量史籍。在阅读中，他对历朝历代的兴衰都有了更加详细的了解，并将自已对这些资料的心得总结为两个字——“正统”。

他说：“正者，所以正天下之不正也。统者，所以合天下之不一也。”即将天下不正的匡正，便是正；统一天下未统一的，便是统。

欧阳修认为，所谓正统，第一要身居正位，第二要能维护天下的统一，二者缺一不可。根据这一观点，他将宋朝之前的朝代一一进行了划分，认为秦汉以前的都是“正统”，之后的便只有隋唐是“正统”了。

欧阳修说，秦汉之前，历代君王统一天下，无论是因公还是因义，终究是统一了的，且帝王的更替都是按照相承义理，不曾发生篡权夺位之事，所以这些朝代都是正统的。后来，一些国家的君王虽正统却不能统一天下，或统一了天下其术却不正，于是世道开始乱了，关于正统之争也就开始了。

历来人们在判断一个朝代是否正统时，时常会依自己的私心去偏袒某一方。欧阳修认为，只有消除内心的偏私，才能平息是非之争。他将自己研究五代史的心得作了《原正统论》、《明正统论》等七篇《正统论》，后删为《正统论序》、《正统论上》和《正统论下》。

没能去往前线是欧阳修心中的一个遗憾，幸而在他拒绝书吏之职不久后，朝廷恢复了他馆阁校勘的职务。他终于结束了被贬的生涯，回到京城，重入朝堂。

欧阳修看到身边的好友纷纷担任军事参谋、签书判官等职，协助军务，只有他和梅尧臣二人无法去边塞从军，心里非常失落。馆阁校勘复职一事稍稍安抚了他的心，却没能让他重新燃起对工作的热情。此时，他的心思还盘旋在硝烟弥漫的战场，想着要如何才能尽自己所能协助军队抵御外敌。

回到汴京后，欧阳修对西北战事的关注并没有减少。在得知了前线的战况之后，欧阳修根据自己的理解和分析，针对这些战况写下了三篇策论。文章写好后，欧阳修有心将它们上呈给朝廷，可他毕竟是一介文官，不曾真正参与过军事，文中所写也不过是他自己的推断，犹豫再三，他将这三篇策论留在了自己手中。

过了一段时间，前方有新的战报传来。欧阳修听过之后，发现事情正如他当初推断的一般，于是便新写了一篇长论文，名为《通进司上书》。

在论文中，欧阳修指出西夏如今“或击吾东，或击吾西，乍出乍入”，以及“吾欲速攻，贼方新锐，坐而待战，彼则不来”，为的是拖延时间，消耗宋朝的粮草，使宋朝的兵力疲惫，将士们失去斗志。这种情况若是持续下去，宋朝必然有一天会处于劣势，被敌人牵制。

欧阳修还对宋朝当时的交通、经济和商贸进行了分析，最后提出了“通漕运”、“尽地利”、“权商贾”的建议。他说：“三术并施，则财用足而西人纾，国力完而兵可久。”不然，一味地依赖当地的财物进行补给，不但难以保证军需，还会给当地的居民带来极大的不便，一旦有意外灾害发生，必然引起混乱。

在关注战事的同时，欧阳修也将目光聚焦在了当朝时弊上。他在《旧唐书·太宗纪》中看到一篇关于李世民允许三百名犯人回家探亲，犯人们对此感恩戴德，探亲结束后悉数返回，最后全部获释的记载。世人均歌颂李世民的仁慈，称此事为“上施恩德，下知信义”的典范，欧阳修却对此持有不同的看法。

欧阳修认为，李世民的这种做法不过是在作秀，为的是制造“上施恩德，下知信义”的舆论，以此提高自己的形象。他认为，若犯人真的罪大恶极，不可能因这一点小恩惠而改过自新，除非他们早知按时返回能使他们获释，但若真的如此，那便说明这些人的行为只是为了私欲，而与知恩图报无关。

在欧阳修看来，仅靠“德化”和“人治”无法彻底消除世间的种种恶行，想要真正将恶行消除，必须依靠法制。由此我们可以看出，欧阳修具有支持封建法治的思想。

第五节
人在舟中便是仙

回到汴京后，欧阳修的主要工作是奉命继续参与《崇文总目》的编撰工作。这样的工作对于欧阳修而言可谓驾轻就熟，于是他闲暇的时间又多了起来，又有机会与曾经的朋友们相聚了。梅尧臣得知欧阳修复职的消息后，由衷地为他高兴，立刻作诗一首赠予欧阳修，嘱咐他不要被突如其来的优越生活冲昏了头脑、迷失了方向，一定要记得被贬在外那段时光所受的苦，更要继续关注时事，不可掉以轻心。

事实上，欧阳修虽然回到了汴京，但他的生活条件并没有多大的好转，反而更加拮据了。馆阁校勘的俸禄不多，对于欧阳修这个上有老、下有小的人来说，想要维持生活很艰难。于是欧阳修在给梅尧臣的回信中写道："某于此，幸老幼无恙。但尤贫，不可住京师，非久，亦却求外补。"

这样拮据的生活持续了一年之久，直到《崇文总目》完工，欧阳修被升职为集贤校理，俸禄稍增，他的生活才略有改善。

复职返京第三年，朝廷临时派欧阳修与张方平一同担任“别头试”的考官。同年三月，欧阳修根据宋仁宗所出的御试题目自作一篇辞赋呈给宋仁宗。赋中指出天灾实则人祸而为之，身为国主，理当“慎择左右而察小人”，“肃清宫闱而减帘列”。欧阳修还直谏宋仁宗，请他“应天以实”，要实实在在地给百姓以恩惠，不要只给口头承诺。

此时的宋仁宗正急需直谏之士，以消除宋朝所面临的危机。读过欧阳修的这篇赋后，宋仁宗感到他言之有理，于是不但赐书赦免了他之前的“罪责”，还对他进行了奖谕。欧阳修的仕途开始上升。

西夏国主元昊野心不死，继续派兵攻打宋朝。契丹见状，也想趁乱分一杯羹，于是集兵备马威胁宋仁宗，若不将宋朝北部的一处边防要地拱手相让，就举兵攻城。宋仁宗派出使者和谈，最后以每年向契丹增赠白银十万两、绢十万匹的代价保住了那一片国土。

同年四月，朝廷任命欧阳修为权同知太常礼院。上任之后，欧阳修自感责任重大，于是时常明察时弊，直言进谏。当宋仁宗召三馆之臣上书议论朝事时，他也立刻上奏，其中写了许多他在朝中所见到的问题，以及他对国家的担忧。他希望自己的这份奏章可对宋仁宗起到一定的作用，使其从谏如流，先除朝中之弊，再除世间之弊。可惜的是，他的奏章并未得到回复。

欧阳修没有放弃，又撰了《本论》三篇，就思想、政治和伦理的基本建设展开了论述。《本论》分上、中、下三篇。上篇提出要“善推本末，知所先后”，“均财而节兵，立法以制之；任贤以守法，尊名以厉贤”。欧阳修认为，只有善用贤人，才能实现“均财”、“节兵”和“立法”，而“尊名”则是保证贤人可以一直贤下去的最佳途径。

中篇和下篇主要阐述了抑制佛家的方法。欧阳修不赞成强行对佛教进行打压，而要“修基本以胜之”。他认为，“佛法为中国患千余岁，世之卓然不惑而有力者，莫不欲去之。已尝去矣，而复大集；攻之暂破而愈坚，扑之未灭而愈炽，遂至于无可奈何。是果不可去邪？盖亦未知其方也”。

欧阳修几次给宋仁宗出谋划策，然而宋仁宗皆未有回应，他感到有些失落。他想起自己曾用“退之序百物，其鸣由不平。天方苦君心，欲使发其声”的诗句安慰过失意的好友苏舜钦，如今这诗句用在自己身上，倒也恰如其分。

欧阳修也曾对朝廷寄予厚望，认为只要自己不断进谏，终有一天皇帝会突然醒悟，不会再整日声明需要贤才，却将贤才闲置一旁；也不会频频鼓励众臣积极进谏，却又对他们的谏言置之不理。可是他等了许久，宋仁宗仍然没有行动。

庆历二年（1042 年）九月，心灰意冷的欧阳修自请外调，于是宋仁宗将他调回滑州，任通判。通判的官阶高于节度判官，权力也大了许多。

庆历三年（1043年），西夏终于停止了对宋朝的侵犯，派使者求和。这对宋朝来说无疑是一个好消息，百姓们终于可以重新过上安定的生活，宋仁宗也可以不再为应对入侵者而头痛了。

同年，吕夷简因病向宋仁宗请辞，接替他宰相一职的是晏殊。晏殊对欧阳修一直很欣赏，所以当宋仁宗决定开放言路、增补谏官时，他第一个想到了欧阳修。在晏殊的推荐下，欧阳修成为一名谏官。

千里马常有，而伯乐不常有。对于一个长久以来怀才不遇之人而言，知遇之恩如同再造。对于晏殊的提拔，欧阳修感激不尽。他从这件事中看到了曙光，自感责任更重，并说，“修今岁还京师，职在言责，值天下多事，常日夕汲汲，为明天子求人间利病”。

与欧阳修一同上任的谏官还有三人，分别是蔡襄、余靖和尹洙。他们四人均是敢于直言进谏之人，个个眼光敏锐，能够先人一步看到隐藏在繁华之中的腐朽，以及隐藏在平静之中的危机。他们在当时属于谏官之中的新锐，被人们称为“四谏”。他们的出现和扬名，也预示着宋仁宗已有了改革之心。

事实上，宋仁宗早已有心改革，只是吕夷简任宰相时，对新政的实施多有阻碍，宋仁宗念及他是老臣，不忍舍弃，便一直不曾直面与他发生冲突。如今他已离开朝野，宋仁宗终于可以无所顾忌，将自己一直以来都有的念头付诸实践了。

宋仁宗之心，欧阳修并不理解，只知道多年来自己一直致力于向宋仁宗提议除弊布新，指出朝野之中的腐败现象日益猖獗，若不及时处理，将有危国体，宋仁宗却不为所动。如今宋仁宗将他升为谏官，他十分兴奋，对时弊的抨击也更加尖锐和犀利。

在宋仁宗的认可下，欧阳修得以发挥他的长处，大胆提出自己的建议，帮助宋仁宗清理朝中的“淤泥”。一上任，他便着手整顿官风，提出“择吏为先”的主张，并接连上书宋仁宗。最终，宋仁宗同意破除常规，挑选精明之人惩治各地贪官。此举一出，百姓们无不拍手称快。

在人员任用方面，欧阳修建议宋仁宗“任贤勿贰，去邪勿疑”。对于劣迹斑斑、品行不端、玩忽职守之人，一律撤职，不留情面。对于那些无不良行径，但是手握兵权却不懂用兵之计和行军作战的官员，宁可给他以闲职做，也不要让他领兵征战，以免误了大事。

对贪官、劣官以及不称职的官员，欧阳修严格处置；对忠良、贤能以及有才而不被起用之人，欧阳修则极力推荐和提拔。他慧眼识英才，为宋朝举荐了许多有才之士，这些人都在宋朝的发展史上功不可没。

欧阳修关注内忧，也不曾忽略外患。在对外问题上，他坚决反对议和，即便不被朝廷理解和接受，他也坚持上谏，不肯妥协。他这种坚持真理、不肯让步的性格伴随了他一生，为他赢得了许多尊重，也为他的人生添了许多坎坷。

第六章

从文·愿与墨香长相伴

第一节

千花百卉争明媚

春去秋来，又是新的一年。宋仁宗的改革如火如荼地进行着，欧阳修与他的伙伴们也竭尽全力地协助着宋仁宗，清理朝野，整顿风气，惩治贪腐。庆历三年十月，宋仁宗决定接受范仲淹、富弼、韩琦等人提出的建议，实施“庆历新政”，针对官场中“不问贤愚，不较能否”以及“人人因循，不得奋励”的情况进行整顿。

在当时，被推荐的御史台官员中，有极大一部分都是滥竽充数之人，没有实才，只因朝中有亲属，便可以捷足先登，占一官位。上任之后，他们不懂从政、不懂为学，在其位而不谋其职，整日里虚度光阴，而那些真正有才学之人却屡屡落榜，有志难展。

范仲淹秉承“宁愿让一家哭，不能让一路哭”的原则，一一审核了各地转运使名册，将无才之官、贪官、老朽无能之官等全部解任，毫不留情。同时，他还严格控制了权贵子弟入馆阁的机会，那些不学无术的纨绔子弟再也无法轻易得到一个闲职了。

为了避免冗官冗费，范仲淹提出了“抑侥幸”的主张，要求不再按照以往惯例，每逢祀典、帝王寿诞等日，一定级别的官员便有机会将其子孙推荐为官了。范仲淹的这一举动虽然保证了官员的质量，却也导致了许多岗位的空缺，使宋朝一时之间急需大量新的人才。于是，选拔人才成为当务之急。

宋朝的人才选拔主要通过科举考试，从中挑选出成绩优异之人，给予功名，授予官位。然而，宋朝的科举制度存在许多弊端，致使许多如梅尧臣一样真正有才学的人被埋没，对此欧阳修感到十分不满和痛心。

欧阳修一直很注重人才的选拔和培养。他时刻记得，若不是有胥偃、晏殊等人的悉心栽培，他定没有如今的成绩。所以，每当遇到有才的青年学子，他都会像曾经提拔过他的人一样尽力指导和帮助他们。

自从欧阳修的声望日益增长后，慕名上门请教的学子也开始多了起来。欧阳修对待这些学子一视同仁，每当遇到才华出众的学子，他都格外欣喜，并鼓励他们继续努力，将来为朝廷效力。若是遇到一些才华平平但态度诚恳、勤学苦读的学子，他也会勉励他们多加努力，不要放弃。

欧阳修曾遇到一位从远方到京城求学的学子，这位学子家境贫寒，而京城物价又高，所以他在京城生活得非常辛苦。欧阳修得知这位学子的情况后，便对他多加关照，还时常请他到家中做客。虽然欧阳修当时也不富裕，无法在经济上给予这名学子太多帮助，可是他所表现出的热情和体贴让这名学子的心中充满了暖意和希望。

对于那些空有才华而品性不佳，或才华平平却心高气傲的学子，欧阳修虽然心有不喜，却也不会轻易拒绝他们的请教。他会耐心地规劝他们，希望他们能回到求学的正途之上，脚踏实地地治学。曾有一名叫曾巩的少年最受欧阳修的喜欢。曾巩少时聪敏，喜好读书，一直将欧阳修视为心中偶像。他还特意关注了欧阳修的作品，只要见到他的文章，便小心珍藏，时时阅读并背诵。

曾巩对欧阳修的崇拜不仅限于文学，对其人也是敬佩有加。特别是当他得知欧阳修因支持范仲淹而遭到贬斥时，他对欧阳修“不顾流俗之态，卓然以体道扶教为己务”的风范更加钦佩，下定决心，有朝一日若有机会到京城，必要登门拜访。

庆历元年（1041年），曾巩成为国子监广文馆的一名新生，年方二十。想到自己终于有机会见到欧阳修，亲自向他请教，曾巩心里十分激动，于是他认真地写了一封信，在拜访欧阳修之前递到了其府上。

欧阳修读过信后深感这位年轻人有真知灼见，是可造之材。见面之后，欧阳修更是对曾巩欣赏不已，此后时常热心地对他进行指导。曾巩受宠若惊，连连感谢。

欧阳修对曾巩寄予厚望，然而曾巩却在第一次科考中落榜了。欧阳修得知后，心痛不已。更令他心痛的是，另外几名平日为他所看重的学子也在此次考试中落了榜。

若是只有曾巩一人落榜，欧阳修或许会认为是他发挥失常，然而如此多的有才之士纷纷落榜，这让他不得不对当时的科举制度产生了质疑。

欧阳修认为，如果制度没有问题，绝对不可能让如此之多具有真才实学、资质甚高且刻苦钻研的学子落榜。于是，他一边送诗给这些落榜的学子，鼓励他们不要灰心，一边关注科举制度中的弊端，并针对这些弊端提出了解决的办法。

经过一番研究，欧阳修认为，科举制度最大的弊端在于没有分清主次，将需要死记硬背的知识作为考试的重点，而将需要变通的知识作为次要的考试内容。他说，这种考试所选拔出的是一群只知死读书或在考前投机的学生，并不能选拔出真正的人才。

欧阳修说，“伏以贡举之法，用之已久则弊，理当变更”。他主张将原有“先考诗赋，而后考论，再考策，最后考帖经”的科举制度改为“先考策，而后考论，最后考诗赋”，这样可以使有真才实学之人有机会充分发挥其才能，也可以使阅卷之人有充足的精力去对考生们的策论进行取舍，最终选出真正有才学之人。

欧阳修的提议得到了许多有识之士的赞同，他们共同商议，最后起草了《详定贡举条状》，上呈宋仁宗。此文主要就如何改革科举制度进行了详述，提出应让学子们在各地的学校中受教育，由地方官员对他们的品行进行考核，择优而送考。在考试时，应重学生对典籍的理解而不是死记硬背。

宋仁宗接受了欧阳修等人的建议，下令在各地开办官学，同时“更制革弊”。虽然新法仅持续了很短的时间便废止了，着实令人感到遗憾，但这并不意味着欧阳修的主张全无用途。在他的努力下，宋朝一度出现了“海隅徼塞四方万里之外，莫不皆有学”的盛况，许多人才得到了培养。

第二节

离愁渐远渐无穷

宋仁宗改革之心急切，而真正能协助他进行改革的人却少之又少。除了范仲淹、欧阳修、富弼这一群人外，朝中再无能为新政的实施贡献实力之臣，不仅如此，朝中的一些保守之人拒不配合，使新政的开展难上加难。

半年过去了，新政却一直没有取得太大的成效。许多措施实施了一半便无法继续，一些措施虽然实施了但效果并不明显，还有一些措施则根本没办法实施。在宋仁宗的一再催促下，欧阳修也有些焦急，情急之下，他想出了让皇帝召开两府大会的办法。

其实，只要多加思索便会发现，欧阳修的提议直接侵犯了那些权贵们的利益，所以不被权贵们接受也在情理之中。可是欧阳修却没有意识到这一点，也许是宋仁宗对他施加的压力让他一时之间失之谨慎，为了推进新政的开展，他提出了这样一个新的建议。

欧阳修认为，既然大臣们将皇帝的手谕当成耳边风，那么索性将手谕改为会议，由皇帝直接命令他们不得推诿，以促进新政的开展。可是他忽略了一个事实，那就是这些大臣即便无为，同样可以升迁。他的这一建议不但没能将事情向好的一面推进，反而为他自己招来了麻烦。

新政的实施对国有利，对权贵们则无利。权贵们的利益受到了侵犯，不满之心更重。当他们得知这一建议是欧阳修提出的后，立刻对欧阳修等人产生了更大的敌意。为了保护自己的利益，一群人开始集体将矛头指向欧阳修等人。从这时开始，“庆历新政”就已经出现了失败的苗头。

渐渐地，朝中关于“朋党”的谣言又起，称范仲淹、欧阳修、富弼等人看似心系朝廷，为国效命，实则结为朋党，扩大势力，借机铲除政见不同之人。以夏竦为代表的守旧派们针对新政中的一些纰漏大做文章，并时常向宋仁宗上书，指责欧阳修等人“以国家爵禄为私惠，胶固朋党”，“误朝迷国”，“挟恨报仇”。

皇帝都多疑，宋仁宗虽然重用范仲淹等人，但听到这样的言论，心里不免有些动摇。一次宋仁宗问范仲淹，君子是否也有朋党之说，范仲淹以“人以类聚，物以群分”，以及自古正邪各为一党应答，并对宋仁宗说，若是君子聚在一起，做出对国有益之事，理当被提倡而非被禁止。宋仁宗听后，没有明确表态。

欧阳修得知宋仁宗心生动摇之后，十分担心。新政的实施是宋仁宗提出的，他们几人也是由宋仁宗任命的，若是此时宋仁宗对他们产生怀疑，他们之后必然会遇到前所未有的阻碍，推行新政之事也必然无法继续进行。想到这里，欧阳修决定写一篇《朋党论》，以此稳定宋仁宗之心。

在《朋党论》中，欧阳修提到，“然臣谓小人无朋，惟君子则有之”，并说“以之修身，则同道而相益；以之事国，则同心而共济，始终如一，此君子之朋也。故为人君者，但当退小人之伪朋，用君子之真朋，则天下治矣”。为了增加力度，欧阳修还列举了历代史实为佐证，宋仁宗读过之后，心里稍安。

若是风波就此平息便好，然而事实却没有欧阳修等人所期望的那么乐观。随着新政的开展，被弹劾的官员越来越多，怨恨欧阳修等人的人也就越来越多。紧接着，对欧阳修等人的诽谤之言也日渐增多，各种各样的诬陷层出不穷，让宋仁宗再难相信欧阳修等人的清白。

对于朝中的变化，欧阳修并不知情，此时的他正忙着在山西一带考察，无暇顾及朝中之事。直到三个月后，他回到京城，才知道一切都并未遂人愿，不但宋仁宗开始怀疑他们，就连朝中之前一些中立官员如今也站到了他们的对立面。

恰在此时，契丹开始西征，并要求宋朝不得支援西夏。范仲淹主动请求出使边境，远离了宦海风波。庆历五年（1045 年）正月，范仲淹被贬，调往陕西。

之后，石介因在《庆历圣德颂》中将夏竦斥为大奸而遭到怨恨，夏竦派人伪造了石介与富弼的书信和一封在石介、富弼“授意”下所写的废帝诏书。此事一出，石介和富弼也无法继续待在京城了，不得不被远调。

富弼被调离的第二天，杜衍和韩琦也被降职，分别调往兖州和扬州。不出十天，欧阳修也接到了调离的命令。朝廷给出的理由是契丹来犯，北部边境需要有能之人前去监督。

朝廷所给的理由并不充分。边防之职责任虽重，却不是非欧阳修不可。明眼人一看便知，朝廷此举是为了使革新派的主力军欧阳修无法继续在朝中有所作为。

谣言如洪水般来势汹涌，朝中人心动荡。守旧派的谣言动摇了宋仁宗，也令朝中一些原本支持欧阳修等人的大臣心生怀疑。当初极力推荐欧阳修的晏殊此时也不再相信他的为人，欧阳修此次被外调，正是他极力主张所致。

欧阳修无奈，却无能为力，他知道，自己越是努力辩解，越是争取留在朝中的机会，宋仁宗的疑心就会越重，他的处境也就越艰难。况且宋仁宗向他表示，只是暂时外调，不久后便会将他调回，所以欧阳修只得听命。

自范仲淹、韩琦、富弼、欧阳修等人相继被排斥出朝廷后，由他们提出的各项改革措施均被废止，而随后的“进奏院事件”又令“庆历新政”的实施者们陷入了回天乏术的境地。

“进奏院事件”是守旧派们为了扳倒苏舜钦，进而彻底铲除范仲淹等人在朝中根基之所为。苏舜钦是杜衍之婿，又是范仲淹推荐入朝的，守旧派们认为从他入手，便能一举多得，让革新派再也无法在朝中立足。

苏舜钦所在的进奏院主要负责祭神活动，那次活动后，苏舜钦自出银两，又加上一些变卖废纸的钱，宴请了本院官吏以及新政之中一些表现突出的学士。一名叫王益柔的官员酒醉后作下了“醉卧北极遣帝扶，周公孔子驱为奴”的诗句，守旧派们听闻这两句诗后，便以王益柔亵渎圣人为由，向御史中丞王拱辰告状。

王拱辰虽与欧阳修曾为同学，又是好友，但从政以来，由于政见不同，分属不同派别，两人之间的情谊也渐渐变了。王拱辰借题发挥，以此事为由弹劾苏舜钦。之后守旧派乘胜追击，上书弹劾范仲淹、富弼、杜衍等人。

宋仁宗改革的初衷是为了解决财政危机和军事危机，保持社会安定，而范仲淹、欧阳修等人实施的“庆历新政”却触犯了皇室利益。而且，范仲淹、欧阳修等人的改革措施过于猛烈、规模过于庞大，眼看社会已安定，皇室的利益却仍然不断受到影响，宋仁宗自然不会无动于衷。

最后，宋仁宗以“恣为苛刻，构织罪端”为由，将革新派全部人员贬出京城。守旧派重新占据了朝野，新政被废，科举恢复旧制，“庆历新政”彻底失败了。

第三节

平芜尽处是春山

在刚刚遭到贬斥时，欧阳修曾竭力上书申辩，冒死进谏，希望宋仁宗能免去杜衍、范仲淹、韩琦和富弼莫须有之罪名。然而，他越是这样，守旧派就越是怨恨他，越想将他置于死地。

为了让欧阳修无路可退，守旧派的人将眼光全都聚集在了他身上，希望能够找到一些蛛丝马迹。可是欧阳修为人正直，光明磊落，为官清廉，实在难有可令他们大做文章之事。

正当守旧派们为如何扳倒欧阳修而大伤脑筋时，开封府右军巡院接到一起报案，一个名叫欧阳晟的男子揭发自己的妻子张氏与家中一男仆通奸。当得知欧阳晟是欧阳修的远房堂侄，而张氏是欧阳修妹婿前妻所生之女，曾在欧阳修家中居住数年之后，守旧派们从中嗅到了一丝机会。

守旧派们大喜，立刻吩咐开封府尹杨日严对张氏严加审讯，试图让张氏说出一些有利于他们陷害欧阳修的证词。杨日严曾因贪污遭到欧阳修弹劾，早就对他怀恨在心，如今有机会向他泼脏水，自然全力以赴，对张氏百般恐吓，命其说出一些与欧阳修有关的事情。

张氏尚且年少，又是一介女流，在严刑逼供和诱导下，果然慌乱不已，口不择言，说了许多出嫁之前与欧阳修的暧昧之事。杨日严闻后甚喜，便将这些供词记录下来，打算呈报朝廷，以定欧阳修乱伦之罪。

在守旧派们的授意和怂恿下，杨日严向朝廷上书，指责欧阳修曾在张氏年幼时与其发生过龌龊之事，并一口咬定欧阳修在一首《望江南》中所描写的可爱少女正是张氏，这些足以说明欧阳修在张氏尚且年幼之时便对其动了心思，继而与张氏发生不伦之事。

江南柳，叶小未成阴。人为丝轻那忍折，莺嫌枝嫩不胜吟。留著待春深。

十四五，闲抱琵琶寻。阶上簸钱阶下走，恁时相见早留心。何况到如今。

——《望江南》

为了加重欧阳修的罪名，谏官钱明逸还指出，欧阳修将张氏接到家中的举动包藏祸心，一方面是为了能与张氏有染，另一方面则是为了借机侵占张家的财产，因为张氏当时不过是一名七岁的无知少女，一旦被欧阳修控制，自然会将所得遗产尽数交到他的手中。

负责监审此案的王昭明虽与欧阳修曾有嫌隙，但一看此案便知是宰相贾昌朝等人想要将欧阳修置于死地的诬陷之举。为了避免日后生出祸端，他没有上呈那份写满对欧阳修污蔑之词的案卷，而是选择了孙揆所记录的，只包含了张氏与男仆私通之事的案卷。

贾昌朝等人没想到王昭明身为一介宦官，竟然如此刚正不阿，使他们的阴谋落空。与王昭明一并负责此案的苏安世曾担心贾昌朝等人报复他们，提议胡乱罗列些罪名将欧阳修定罪，王昭明却不从。最后，苏安世只得避重就轻，在卷中加入了欧阳修私自使用张氏的遗产为妹妹购买田地之罪。

这场风波的结果是，欧阳修被贬为滁州知州。离开河北之时，欧阳修的心中充满了遗憾，可令他遗憾的不是被降官职这一事实，而是他在此地还有许多计划未曾实现。

自从被任命为河北路都转运按察使，欧阳修已在河北进行了五个多月的调查，他深入基层，对此地的官吏、山川、经济等都进行了调查，好不容易对这些信息有了充分的了解，正准备大展拳脚，革弊图新，可这样一个调令使他之前的努力都白费了。

欧阳修早知自己的直白和敢言会招来一些祸患，但他无论如何都想不到，自己竟然会被这种流言击倒。他自问无愧于心，德行端正，可他的对手们却能制造出如同真相一般的流言，而皇帝竟然相信了那些流言，将他放逐。

虽然心有不甘，欧阳修还是鼓励自己不要就此放弃，并为自己作了一首题为“自勉”的诗：

引水浇花不厌勤，便须已有镇阳春。

官居处处如邮传，谁得三年作主人。

欧阳修将自己比作辛勤照料花园的园丁，虽然没有机会完成使命，却也问心无愧了。

望向京城的方向，欧阳修发现自己离那座城越来越远了，他的心中充满了落寞。此时已是深秋，黄河两岸已不见绿意盎然的景象，只有光秃秃的树干和满地的枯黄。抬起头，看到天上那一群被迫迁徙的大雁，他心有所感，写下了《自河北贬滁州初入汴河闻雁》：

阳城淀里新来雁，趁伴南飞逐越船。

野岸柳黄霜正白，五更惊破客愁眠。

天空有大雁相伴，船儿有河水相伴，而船中的人，却只有剪不断的哀愁相伴。眼前的景象越来越荒凉，再也看不到琼楼玉宇，听不到车马喧嚣。当一座破落的小城出现在欧阳修面前时，船停下了。欧阳修看着这座小城，心里有千万种滋味。这里远离政治和文化中心，没有他的朋友，他不知道自己是否能在这里平静地度过即将到来的日子。

初到滁州，欧阳修的心里满是怨气和愤懑，所作也大多是抒发自己情感的诗。在《憎蚊》一诗中，他将那些污蔑他的小人比作隐藏在黑暗角落、依靠吸人之血而活的蚊子。它们虽然渺小力薄，却总令人防不胜防，给人以重创，甚至将人置于死地。

扰扰万类殊，可憎非一族。甚哉蚊之微，岂足污简牍。
乾坤量广大，善恶皆含育。荒茫三五前，民物交相黩。
禹鼎象神奸，蛟龙远潜伏。周公驱猛兽，人始居川陆。
尔来千百年，天地得清肃。大患已云除，细微遗不录。
蝇虻蚤虱虮，蜂蝎蚖蛇蝮。惟尔於其间，有形才一粟。
虽微无柰众，惟小难防毒。尝闻高邮间，猛虎死凌辱。
哀哉露筋女，万古雠不复。水乡自宜尔，可怪穷边俗。
晨飧下帏帱，盛暑泥驹犊。我来守穷山，地气尤卑溽。
官闲懒所便，惟睡宜偏足。难堪尔类多，枕席厌缘扑。
熏檐苦烟埃，燎壁疲照烛。荒城繁草树，旱气飞炎熇。
羲和驱日车，当午不转毂。清风得夕凉，如赦脱囚梏。
扫庭露青天，坐月荫嘉木。汝宁无他时，忍此见迫促。
翾翾伺昏黑，稍稍出壁屋。填空来若翳，翳隙多可掬。
丛身疑陷围，聒耳如遭哭。猛攘欲张拳，暗中甚飞镞。
手足不自救，其能营背腹。盘餐劳扇拂，立寐僵僮仆。
端然穷百计，还坐瞑双目。於吾固不较，在尔诚为酷。
谁能推物理，无乃乖人欲。驺虞凤凰麟，千载不一瞩。
思之不可见，恶者无由逐。

——《憎蚊》

欧阳修的朋友们都能理解他的苦闷，也为他的遭遇感到不平，纷纷来信安慰他。朝中的一些正义之士上书谴责那些小人的无耻行径，可是他们的声音太小，没能在朝中起到什么作用。

欧阳修的家人也随他迁到了滁州，可家里已没有了当年的欢笑，就在欧阳修被贬当年的六月，他的长女师师不幸身故。这是欧阳修第三次失去儿女，在《白发丧女师》中，他写道：

我年未四十，三断哭子肠。

一割痛莫忍，屡痛谁能当！

欧阳修以前每次出门前，师师都会伸出小手牵住他的衣襟，依依不舍地看着他。每次回家时，师师又会欢欣地迎接他，扑入他的怀中撒娇。转眼间，那个小小的女娃长大了，不再如幼时一般爱撒娇，可对父亲的爱和依恋不减。他的妻子告诉他，每次他离开后，师师都会时时望着家门，等待他回家。

欧阳修犹记去年，当自己将在野外摘得的野花带回家中时，七岁的师师喜悦地满院寻找花瓶，帮他把花插进去。短短一年的时间，那个活泼的小女孩便已不在人世了。在《哭女师》一文中，欧阳修写道："于汝有顷刻之爱兮，使我有终身之患。"

面对仕途的不顺、家人的离世，欧阳修又一次跌入了人生的低谷。他心痛万分，却仍要坚强起来面对生活，所以他下定决心，要从逆境中振作起来，他相信，总有一天一切都会再次好起来。

第四节

蓦然旧事上心来

滁州是一座僻静的小城，这里虽然交通闭塞、信息匮乏，却不缺美景和美食。欧阳修可以在这座小城里安稳度日，也算是上天在他饱受磨难之后给了他一点补偿吧。

在滁州，欧阳修的生活过得相对安逸。充足的闲暇时间让他又有机会投入到文学创作之中，而他在此地所创作的诗词，则大多与周围的景观有关。

庆历六年（1046 年）的一场春雪过后，欧阳修约上几位农夫野老，一起去滁州附近的琅琊山赏雪景、寻蜡梅。此次出游让欧阳修的心情大好，他走入了山林深处而不觉。

回到家中，欧阳修写下了《游琅琊山》一诗，诗中对山中的美丽景色做了描写，也对自己因摆脱尘世烦扰而喜悦的心情做了描写。

南山一尺雪，雪尽山苍然。
涧谷深自暖，梅花应已繁。
使君厌骑从，车马留山前。
行歌招野叟，共步青林间。
长松得高荫，盘石堪醉眠。
止乐听山鸟，携琴写幽泉。
爱之欲忘返，但苦世俗牵。
归时始觉远，明月高峰巅。

——《游琅琊山》

琅琊山中有一座小亭，欧阳修为其取名为“醉翁亭”，并写下了广为世人传诵的《醉翁亭记》。欧阳修写下此文时，心里有悲伤，也有欢喜：悲伤是因为当时的宋仁宗沉溺于眼前的平静和安稳，不求进步，而且听信谗言，对有志改革之士进行打压；欢喜则是因为眼前的这片山水给了他安慰。

环滁皆山也。其西南诸峰，林壑尤美，望之蔚然而深秀者，琅琊也。山行六七里，渐闻水声潺潺而泻出于两峰之间者，酿泉也。峰回路转，有亭翼然临于泉上者，醉翁亭也。作亭者谁？山之僧智仙也。名之者谁？太守自谓也。太守与客来饮于此，饮少辄醉，而年又最高，故自号曰醉翁也。醉翁之意不在酒，在乎山水之间也。山水之乐，得之心而寓之酒也。若夫日出而林霏开，云归而岩穴暝，晦明变化者，山间之朝暮也。野芳发而幽香，佳木秀而繁阴，风霜高洁，水落而石出者，山间之四时也。朝而往，暮而归，四时之景不同，而乐亦无穷也。至于负者歌于途，行者休于树，前者呼，后者应，伛偻提携，往来而不绝者，滁人游也。临溪而渔，溪深而鱼肥。酿泉为酒，泉香而酒洌；山肴野蔌，杂然而前陈者，太守宴也。宴酣之乐，非丝非竹，射者中，弈者胜，觥筹交错，起坐而喧哗者，众宾欢也。苍颜白发，颓然乎其间者，太守醉也。已而夕阳在山，人影散乱，太守归而宾客从也。树林阴翳，鸣声上下，游人去而禽鸟乐也。然而禽鸟知山林之乐，而不知人之乐；人知从太守游而乐，而不知太守之乐其乐也。醉能同其乐，醒能述以文者，太守也。太守谓谁？庐陵欧阳修也。

——《醉翁亭记》

“醉翁之意不在酒，在乎山水之间也。山水之乐，得之心而寓之酒也。”真正让欧阳修沉醉的，并不是杯中的美酒，而是这种山水之乐。“庆历新政”的失败曾令欧阳修的内心非常苦闷，如今他寄情山水，与民同乐，心情也轻松了许多。

欧阳修的《醉翁亭记》意境优美，结构精巧，语言出色，广受人们喜爱。自从刻有此文的石碑立在亭边后，许多人慕名而来，争相拓印碑文。拓印碑文时需要用到毡子，人们便去附近的寺庙借毡子来用，仓库里的毡子不够用了，他们便将僧人们睡觉时用的毡子也借去了。

一篇《醉翁亭记》让欧阳修身在小城却名扬四方，这是欧阳修自己也没有想到的。起初，他只是想寄情于山水，以此疗伤，没想到这里的山水却令他的创作灵感如泉涌般无法停止。除了最负盛名的《醉翁亭记》外，欧阳修还写下了《丰乐亭记》、《丰乐亭游春》、《菱溪石记》、《梅圣俞诗集序》等作品，篇篇皆是佳作。

丰乐亭是欧阳修请人在一处幽谷之中所建的一座小亭，“丰乐”二字取自于“丰山耸然而特立”，“幽谷窈然而深藏”，“顾而乐之”。在《丰乐亭记》中，欧阳修记录了丰乐亭的建亭经过，描写了他与当地人共游此地的快乐场面，将滁州的今昔进行了对比。此外，他还在文中表达了自己愿与民同乐的思想。

滁于五代干戈之际，用武之地也。昔太祖皇帝，尝以周师破李景兵十五万于清流山下，生擒其皇甫辉、姚凤于滁东门之外，遂以平滁。修尝考其山川，按其图记，升高以望清流之关，欲求辉、凤就擒之所。而故老皆无在也，盖天下之平久矣。自唐失其政，海内分裂，豪杰并起而争，所在为敌国者，何可胜数？及宋受天命，圣人出而四海一。向之凭恃险阻，铲削消磨。百年之间，漠然徒见山高而水清；欲问其事，而遗老尽矣。今滁介江淮之间，舟车商贾、四方宾客之所不至，民生不见外事，而安于畎亩衣食，以乐生送死。而孰知上之功德，休养生息，涵煦于百年之深也。

——《丰乐亭记》（节选）

丰乐亭所在的幽谷位置隐蔽，能够被人发现实属巧合。那一日，欧阳修的衙役在路上不小心弄洒了刚从酿泉取来的水，由于时间比较紧，来不及再去酿泉取水，衙役便在路边的泉水中取了些水回去复命。欧阳修喝过之后，感到此水比酿泉之水甘甜可口，便让衙役带他去寻找取水之处。

最后，欧阳修不但找到了泉水，还在泉水的发源处见到了一片幽谷。欧阳修非常喜欢这里，便在这里建了丰乐亭，并作了《丰乐亭记》和《幽谷泉》。之后，他又以装饰在丰乐亭南北两侧的六块奇石为题材，写下了《菱溪石记》。

除了以内心真实情感为主而作的诗文外，欧阳修在滁州期间还为梅尧臣的诗集作了序，并在此序中提出了“诗穷而后工”的观点。他说：“予闻世谓诗人少达而多穷。夫岂然哉！盖世所传诗者，多出于古穷人之辞也。……盖愈穷则愈工。然则非诗之能穷人殆穷者而后工也。”

在宋朝，大多数人认为“诗之能穷人”，因为纵观当时社会，大多数的诗人都一生穷困，只有极少数的诗人能有幸入朝为官，过上衣食富足的生活。然而欧阳修却不赞同这种观点，他认为，并不是作诗使诗人贫穷，而是贫穷使诗人作出优秀的诗作。

欧阳修认为，越是穷困潦倒的知识分子，越容易接触到社会最下层的生活，看清社会的弊端，体会到社会中最突出的内在矛盾，而这些体会正是诗歌创作时最需要的。此外，不得志的诗人的作品中时常会出现许多新奇的景象，以及其他人难以言表的情感，所以他认为贫穷能够成就诗人。

因为有着“诗穷而后工”的观点，欧阳修在滁州过得很平和。他喜欢春季里细雨过后晴朗的天空和清新的空气，喜欢夏季里奔流不息的山泉水清凉甘甜的味道，喜欢秋季里空气中弥漫着的各种瓜果香，喜欢冬季里覆盖了整片土地的皑皑白雪。这些都让他忘记了生活的艰辛。

居滁州期间，欧阳修有心将《新五代史》完善，然而当地的条件却让他心有余而力不足。滁州地处偏僻，文化气息极弱，想要在此处寻到些有用的资料简直是难于登天。无奈之下，欧阳修只得粗略地对此书进行了校对和补辑，至于细节方面，则只能等条件允许之后再进行。

欧阳修乐于研究文学，却并不会不理政务。只是在他看来，“年凶则节国用、赈民穷，奸盗生，争讼多而其政繁；年丰民乐，然后休息而简安之，以复其常。此善为政者之术，而礼典之所载也”。

欧阳修认为，只有真正让当地的百姓得到实惠的官员才能获得百姓真心的拥戴，所以他一直为政宽简，“不见治迹，不求声誉，以宽简不扰为意”。在写给梅尧臣的信中，他说：“某此愈久愈乐，不独为学之外，有山水琴酒之适而已。小邦为政期年，粗有所成。固知古人不忽小官，有以也。”

在政务方面，欧阳修采用了“夫宣上恩德，以与民同乐，刺史之事也”的施政方针。他一直谨记母亲对他的教诲——要像父亲一样，勤政爱民，体恤百姓疾苦，不得为一己私利而伤害百姓的利益。所以，他在职期间，虽然“无为”，却深受当地百姓的爱戴。

在百姓面前，欧阳修从未摆过官员的架子，反而一直以客人的身份出现在大家面前。百姓能够“乐生送死”，安居乐业，欧阳修也能回归自我，以一个文人的身份徘徊于山水之间。

第五节

水阔风高飏管弦

庆历五年（1045 年），石介死于家中。虽然石介生前与欧阳修有些不合，其性格也不被欧阳修所欣赏，但他的死对于欧阳修而言仍是一次沉重的打击。想到那些曾与他一起实施新政的同僚无一人过着安稳的生活，欧阳修的心里悲痛极了。

石介死后，一些小人怀疑他并没有死，而是被富弼调往山东发起叛乱，于是嚷着要劈棺验尸。幸好杜衍携数名正义之士联名具保，石介的遗体才得以保全。第二年，范仲淹将重病的尹洙接到邓州养病，然而尹洙不久也病故了。

相比之下，欧阳修算是比较幸运的，虽然朝廷将他贬至滁州，可他的生活却较安稳，身体虽不太健康，可至少活得充实。而且，虽然守旧派们对他恶语相向，但他的名声并未因此变坏。许多学子仍然视他为可敬的前辈，上门拜访或寄来书信，向他请教，就连新科状元都会主动将自己的情况报告给他，以求他的指正。

庆历七年（1047年）十二月，宋仁宗为之前的处置感到一丝后悔，便借祭典之由，为欧阳修加衔晋爵，待欧阳修在滁州任职期满后，便将他调往了扬州，任制诰。听说欧阳修要离开，滁州的官民都感到不舍，他们为欧阳修举行了欢送宴。欧阳修对此地也十分不舍，在席间他频频举杯，以酒话别。

席罢，欧阳修收拾妥当行李细软，便动身前往扬州。他知道朝廷此举是在安抚他，于是写下了《扬州谢上表》，以谢皇恩。

臣修言：准枢密院递到诰敕一道，伏蒙圣恩，授臣起居舍人，依前知制诰、知扬州军州事，已于今月二十二日赴任讫者。贬所脱身，遽叨临于督府；岁成无状，仍叙进于官联。被渥以优，抚心增惧。臣某〈中谢。〉伏念臣材非适用，行辄违时，徒知好古之勤，自励匪躬之节。误蒙奖拔，骤玷宠荣。小器易盈，固已宜于颠覆；尽言取祸，仍多结于怨仇。仰恃公朝，臣虽自信；在于物理，岂有不危？矧利口之中人，譬含沙之射影，谓时之众嫉者易为力，谓事之阴昧者易为诬。

上繄天听之聪，终辨狱辞之滥。苟此冤之获雪，虽永弃以犹甘，而况得善地以长人，享及亲之厚禄。坐安优逸，未久岁时，亟就易于方州，仍陟迁于秩序。有以见圣君之意，未尝忘言事之臣。孤拙获全，忠善者皆当感励；奸谗不效，倾邪者可使息心。非惟愚臣，独以为幸。此盖伏遇尊号皇帝陛下，乾坤覆载，日月照临，察人常务于究情，行赏必思于有劝，致兹恩典，施及懦庸。誓坚终始之心，少答生成之造。

在扬州，欧阳修仍坚持“在无为中求有为”，不求建功，只求百姓安定。扬州的一切都很好，优美的风景、丰富的文化气息、和善的百姓都让欧阳修感到舒心，唯一令他感到不适的是这里应酬之事太多、逢迎之人太多。欧阳修一向不喜欢那些趋炎附势之人，每当有人邀请他参加各种应酬时，他都感到很厌烦。

庆历八年（1048年）夏，好友梅尧臣路过扬州，前去探望欧阳修，二人度过了一段快乐而短暂的时光。那年中秋，好友们再次相聚，饮酒赏月，月下赋诗，幸福之余，想到远在苏州的苏舜钦，不由得又有些遗憾。于是，欧阳修将席间所作的《紫石屏歌》改为《月石砚屏歌寄苏子美》，寄予苏舜钦。

景山得之惜不得，赠我意与千金兼。自云每到月满时，石在暗室光出檐。大哉天地间，万怪难悉谈。嗟予不度量，每事思穷探。欲将两耳目所及，而与造化争毫纤。煌煌三辰行，日月尤尊严。若令下与物为比，扰扰万类将谁瞻。不然此石竟何物，有口欲说嗟如钳。吾奇苏子胸，罗列万象中包含。不惟胸宽胆亦大，屡出言语惊愚凡。自吾得此石，未见苏子心怀惭。不经老匠先指决，有手谁敢施镌镵。呼工画石持寄似，幸子留其无谦。

——《月石砚屏歌寄苏子美》（节选）

欧阳修希望苏舜钦能够与他们同乐，并望苏舜钦有机会可与他们再见。没想到，同年年末，苏舜钦便去世了。

得知苏舜钦去世的消息时，欧阳修正在病中，“眼瞳虽存，白黑才辨”。突如其来的噩耗让他瞬间感到双目剧痛难忍，然而他还是努力地睁大眼睛，盯着手中那封从远方而来的讣告，仔细地看了一遍又一遍。

许多美好的往事一起涌上心头，让欧阳修更感心痛。怀着满腔哀伤，欧阳修为苏舜钦作了一篇墓志铭，字字血泪，读过之人无不为之动容。

苏舜钦的去世让欧阳修想到一年前病故的尹洙，以及身故多年的数位好友，他的心里有些凄凉。遥想曾经年少时，携好友游山玩水，赏花赏月，饮酒作诗，多么愉悦，如今却只剩下自己一人在月下静静地思念，自斟自饮，好不忧伤。

这一年，他为已过世的尹洙写下了《祭尹师鲁文》和《尹师鲁墓志铭》，却不想他所作的墓志铭不被尹洙的家人和门生所接受，他们认为此墓志铭过于精简，无法突出尹洙生前的功德和地位。

维年月日，具官欧阳修谨以清酌庶羞之奠，祭于亡友师鲁十二兄之灵曰：

嗟乎师鲁！辩足以穷万物，而不能当一狱吏；志可以狭四海，而无所措其一身。穷山之崖，野水之滨，猿猱之窟，麋鹿之群。犹不容于其间兮，遂即万鬼而为邻。嗟乎师鲁！世之恶子之多，未必若爱子者之众。何其穷而至此兮，得非命在乎天而不在乎人！方其奔颠斥逐，困厄艰屯。举世皆冤，而语言未尝以自及；以穷至死，而妻子不见其悲忻。用舍进退，屈伸语默。夫何能然？乃学之力。至其握手为诀，隐几待终，颜色不变，笑言从容。死生之间，既已能通于性命；忧患之至，宜其不累于心胸。自子云逝，善人宜哀；子能自达，予又何悲？惟其师友之益，平生之旧，情之难忘，言不可究。

嗟乎师鲁！自古有死，皆归无物。惟圣与贤，虽埋不殁。尤于文章，焯若星日。子之所为，后世师法。虽嗣子尚幼，未足以付予；而世人藏之，庶可无于坠失。子于众人，最爱予文。寓辞千里，侑此一尊。冀以慰子，闻乎不闻？尚飨！

——《祭尹师鲁文》

欧阳修有些无奈，他本想效仿尹洙生前的文风为好友奠文，却不想不被其家人和门生理解，于是第二年又作了《论尹师鲁墓志》为自己进行辩解，谁知尹家人仍然不能接受，并请韩琦另作了一篇内容丰富的墓表文。

也许是个性使然，也许是因为早已习惯了小城市里的安定单纯，在扬州生活不到一年，欧阳修便感到累了。扬州那种公务繁忙而多应酬的生活让他感到难以适应，不时传来的悲伤消息也一次次冲击着他的心，让他难以平静。他想找个地方过平静的生活，于是上表朝廷，请求宋仁宗将他派去其他城市。

宋仁宗接受了欧阳修的请求，将他派往颍州，一个民风淳朴的小城。欧阳修对这座城市非常满意，不太繁忙的政务、秀丽的山水、丰富的特产、淳朴的民风都让他感到无比轻松。初到这里，他便写下了《初至颍州西湖种瑞莲黄杨寄淮南转运吕度支发运许主客》，并在诗中表达了自己的这种喜悦。

平湖十顷碧琉璃，四面清阴乍合时。
柳絮已将春去远，海棠应恨我来迟。
啼禽似与游人语，明月闲撑野艇随。
每到最佳堪乐处，却思君共把芳卮。

颍州位于颍河之南、淮水之北，此处最为出名的景观是位于城西北方且有“十里碧琉璃”之誉的西湖，它与杭州西湖、惠州西湖和扬州西湖并称为“中国四大名湖”。

置身于美景之中，欧阳修已是十分喜悦，而随后结交到的新朋友更是令他喜上加喜。颍州通判吕公著性情温和，待人诚挚，淡泊名利，喜好读书；学者刘敞知识渊博，满腹经纶；儒者王回才学出众，文笔极佳，为人正直。与他们在一起，欧阳修心里充满了平静和满足。

初识吕公著时，由于他是吕夷简的儿子，欧阳修对他曾有过防备之心，没想到经过一段时间的共事后，他发现吕公著的人品和性格都与吕夷简完全不同，却与他有几分投缘。特别是在对书籍的爱好上，两人更可算得上是知己。于是他敞开心扉，与吕公著交往起来。

有了这些志趣相同的好友，欧阳修的生活也变得丰富了。为了方便大家相聚，他在治所内建了一处厅堂，每逢公休，都会邀请大家来此一聚，共同探讨文学，命题吟诗。

颍州的博学之士较多，文化氛围较好，安定下来之后，欧阳修又一次翻出了之前没有机会完成的《新五代史》，打算在此地将它完善。大多数时间，他都独自一人在房中，根据典籍仔细校对、研究。可是，由于五代之事过于久远，相关资料也残缺不全，考证变得非常困难。遇到研究不明的内容时，欧阳修第一个想到的人便是刘敞。他对刘敞的评价是："自六经百氏古今传记，下至天文、地理、卜医、数术、浮图、老庄之说，无所不通；其为文章尤敏赡。"

在欧阳修眼中，刘敞之博学少有人能比，所以向他请教自然也能得到最可靠的答案。在《答原父》中，欧阳修写道："闻见患孤寡，是非谁证验？尝欣同好恶，遂乞指瑕玷。"由此足以看出欧阳修在治学上的态度是非常谦逊的。

炎歊郁然蒸，午景炽方焰。子来清风兴，萧萧吹几簟。

又如沃琼浆，遽饮不知厌。嗟予学苦晚，白首困铅椠。

危疑奚所质，孔孟久已窆。群儒窒自私，惟子通且赡。

幸时丐羸余，屡得饱饥歉。严严春秋经，大法谁敢觇。

三才失纲纪，五代极昏垫。盗窃恣胠箧，英雄争奋剑。

兴亡两仓卒，事迹多遗欠。才能纪成败，岂暇诛奸僭。

闻见患孤寡，是非谁证验？尝欣同好恶，遂乞指瑕玷。

反蒙华衮褒，如誉嫫母艳。救非当在早，已暴何由敛。

苟能哀废痼，其可惜针砭。风舲或许邀，湖绿方滟滟。

——《答原父》

刘敞阅读过《新五代史》的部分成稿后，认为此书“是非原正始，简古斥辞费”，是难得一见的巨著，可流芳千古。刘敞的认可让欧阳修十分兴奋，令他在完善此书时更增加了几分热情。

第七章

为政·民间疾苦视己责

第一节

稳泛平波任醉眠

欧阳修就任颍州后，凭他的先见之明，带领百姓建了一条陂堰，可在旱灾之时将西湖之水引入田地。果不其然，第二年全国大旱，许多地方饱受旱灾的折磨，民不聊生。颍州虽然也未能幸免，但由于旱情不算严重，并且有水源可取，所以百姓的生活并没有受到太大的影响。

按照惯例，地方官员应在大旱之时向龙王祈雨，欧阳修接诏之后，便带着一行同僚前往城郊的张龙公庙。祈祷结束，回到城中，小憩在轿中的欧阳修被一阵喧闹声吵醒。得知吵闹声源于散卖酒糟之事，欧阳修的心中有些不悦。

欧阳修认为，身为官员，其职责应是养育百姓，让百姓过得更好，得到更多实惠，然而事实却是官府从农民手中征收糯米，雇人酿酒，再将酒和废弃的酒糟卖给百姓，以微少的支出换取高额的回报，还自称是在利民。

这样的状况让欧阳修感到痛心，也为百姓感到心疼。他认为自己身为官员，同样负有责任，于是他在《食糟民》中写道：

田家种糯官酿酒，榷利秋毫升与斗。酒沽得钱糟弃物，大屋经年堆欲朽。酒醅瀺灂如沸汤，东风来吹酒瓮香。累累罂与瓶，惟恐不得尝。官沽味醲村酒薄，日饮官酒诚可乐。不见甲中种糯人，釜无糜粥度冬春。还来就官买糟食，官吏散糟以为德。嗟彼官吏者，其职称长民。衣食不蚕耕，所学义与仁。仁当养人义适宜，言可闻达力可施。上不能宽国之利，下不能饱尔之饥。我饮酒，尔食糟，尔虽不我责，我责何由逃。

欧阳修心系于民，有心改善百姓的生活，可是凭他一人之力却很难做到。他只能尽其所能，多为百姓谋一些福利，少让他们受一些不公。百姓也十分理解欧阳修，所以他们对他的感情是尊重的，没有一点不满或怨恨。

又是一年夏天来临，许多官员任职期满，即将离开。欧阳修早已看过太多分分合合，可是马上就要与好友们分别，他的心里还是会有些舍不得。送走一位又一位好友，他自己也要离开这里了，朝廷已经下达了新的任命，任他为应天府兼南京留守司事。

离开颍州的路上，欧阳修感到自己的心和这座城市之间仿佛有了一些特别的联系，那是一种连着生命的情丝，让他离这里越远，心就越想靠近。也是在此时，他决定，待到日后退出官场，一定要再回到这里，“行当买田清颍上，与子相伴把锄犁”。他还写信邀请梅尧臣到时来颍州与他同住。

不到一个月的时间，欧阳修便到达了应天府，开始了新的生活。

在应天府的日子远不如颍州那般平静，或者可以说，是看似平静，暗起涡旋。入职刚刚三日，便有官吏向欧阳修上报，称此地五郎庙很灵，新官上职，必须前去拜祭，否则神灵发怒，便会危害地方。欧阳修一向不信鬼神之说，于是置之未理，谁知几日后，他的筷子便跑到了神像的手中。

若是胆小怕事的官员，遇到这种事情，定会慌乱不已，信之有灵，急忙拜祭，以表歉意。可欧阳修是何人？他十分清楚此事并非神灵显灵，而是有人作怪。于是，他命人将五郎庙上了锁、贴了封条，下令此庙只有等他离开南京之后才可开启。

手下的人照做后，一些人便等着看欧阳修的笑话，谁知老天似乎都在帮欧阳修的忙，自他封庙以来，南京不但没有发生任何灾祸，反而事事顺利。有信鬼神之说的人认为欧阳修身上有一股特殊的力量，将鬼神镇住了，从而更加信服他；想借鬼神之力作乱之人由此明白这位新官不好惹，也不敢肆意妄为了。

一些官员惧于欧阳修的公正严明，有心讨好和攀附，岂知他一生最厌恶的便是此类行径。这些人讨好不得，只能一个个灰头土脸地回到府中，之后小心行事，以求尽量不要被欧阳修发现纰漏。

欧阳修有识人之能，对于想要投机之人，他一向不予理睬，冷眼相对；对于德才俱佳者，他则会另眼相待，委以重任。在留守司中，有一位名叫苏颂的推官，为人谨慎，处事精明，性格稳健，欧阳修非常欣赏他、信赖他，将许多公事都交予他处理。

凡是经苏颂之手起草的公文，欧阳修都敢于直接上交；府中大小事务，只要有苏颂出面，欧阳修便不再过问。不仅如此，欧阳修还告诉其他同僚，以后府中的小事无须请示他，交给苏颂处理便可；若是大事，苏颂也可做主，无法定夺时再向他通报。

若说对苏颂是信赖，那么对杜衍，欧阳修则更多的是依赖。早在入仕之前，欧阳修便已知杜衍的名望，知道他是一位深得百姓爱戴的好官。之后入朝，有机会与杜衍为同僚，欧阳修更加欣赏杜衍的为人和处事风范。当范仲淹与富弼受奸人所害时，只有杜衍敢于站出来为他们二人辩白，欧阳修心中非常感动。

“庆历新政”失败后，杜衍遭到排挤，被贬兖州，后以“太子少傅”致仕，定居南京。庆历七年（1047年），皇帝为了安抚老臣，赐他“太子太傅”头衔。欧阳修任职南京时，杜衍已在家闲居三年有余。

此时的杜衍早已过了古稀之年，应在家中安享晚年了，可他对于社会时事仍然关注颇多，并且时常有自己的观点。欧阳修正是看中了他这一点，所以时常去他府上拜访，与他谈论政事，请求他予以指点。杜衍为人一向平和，也非常欣赏欧阳修，所以每当他前去讨论时，他都欣然给予指点。

欧阳修曾写过许多称赞杜衍的诗句，如歌颂其品格的“凛凛奇节霜涧柏，昭昭心莹玉壶冰”，歌颂其为政的“俭节清名世绝伦，坐令风俗可还淳”，歌颂其风度的“惟以琴樽乐嘉客，能将富贵比浮云”等。在欧阳修看来，杜衍所言的朝廷故事，“皆可记录，以贻后生”。

就职南京的日子里，欧阳修也对过去的数十年进行了回顾，特别是“庆历新政”那段时间里所经历的风风雨雨。他意识到，朝中许多弊端已经根深蒂固，想要一拔而后快是不可能的，只能从眼前的利害着手，一步一步地开展。他也用这些话劝导身边志存高远却思想单纯的朋友，以免他们如他一般遭到重创。

此时的欧阳修已不再是当初那个初涉官场、个性冲动的年轻人了。遇到不平之事，他仍会管，却不会再一厢情愿，不理会现实情况。在嘱咐后辈们要三思而行、稳中求进的时候，他已不知不觉生出了些退隐之心。

第二节

隔帘风雨闭门时

天下母亲皆爱子女，只是爱的方式有所不同。欧阳修的母亲郑氏对儿子的爱，便是在他年幼时用尽一切去抚养、教育他，在他成年后则尽量远离他。郑氏认为，如果自己常住欧阳修身边，他难免分心，从而影响公务，所以当欧阳修仕途渐顺后，她便坚持自己居住。

欧阳修明白母亲的苦心，所以母亲尚未花甲时，他也就由着她去了。随着母亲的年纪越来越大、身体越来越不好，欧阳修不再顺从母亲的意思，而是将她接到了自己的身边，为她求医问药，精心照顾她。奈何生老病死是人之常事，即使欧阳修精心地照料着，郑氏的身体仍然一天天变得虚弱。

皇祐四年（1052年），欧阳修的母亲郑氏在南京病逝，享年七十二岁。由于南京居所为官舍，不得用于举丧，而欧阳修又早在颍州置办了房舍，打算致仕后定居于此，所以郑氏的丧事理当移到颍州办理。

在此之前，有小人意欲诬告欧阳修，宋仁宗派人去南京调查后，发现他不但不与诬告之词同，反而在当地政绩斐然，深受百姓爱戴。宋仁宗甚喜，正打算将欧阳修调回京城委以重任，谁知调令还未正式下达，便收到了他的告假申请，于是回调之事只得暂停。为了表示体恤，朝廷封郑氏为“郡太君”。

欧阳修得到朝廷的准假后，便动身将母亲的灵柩抬回颍州。临行的那一天，南京的百姓自发地站在街道两旁，为郑氏焚香烧纸，每个人的眼中都充满了悲伤。他们感激这位伟大的母亲为他们培养出了如此优秀的官员，同时也为这样一位伟大的母亲的病逝而感到悲痛。

在颍州办过葬礼之后，接下来便要考虑入葬事宜了。欧阳修本想将母亲的遗体送往泷冈与父亲合葬，可是他同父异母的哥哥欧阳昞早在几年前便已将其生母与父亲合葬，若是他再葬郑氏于坟中，便会令世人皆知他的父亲早年曾出妻一事。同时他也担心，泷冈距离南京路途遥远，若是真将母亲葬到泷冈，日后想要上坟拜祭便成了难事。

欧阳修也曾想过将母亲葬在颍州，并在颍州选了墓地，可是考虑再三，最后还是决定努力克制心中的不忍，将母亲送回家乡入葬。一路上，欧阳修思绪万千，他想了过去，想了曾经对未来的设想，只是不愿想现在。母亲就躺在冰冷的灵柩中，他与她离得那样近，却说不上一句话，连看上一眼都不可能。

路过江军水驿时，当地知军仰慕欧阳修，速命清江知县李观作一篇祭文，并亲自率同僚在江边迎接。欧阳修见到这篇只有二十字却意蕴深远的祭文，心中十分感动。

欧阳修接受了乡人们的建议，写了一篇祭神的谒告，请上天不要下雨，以让他顺利将母亲下葬。到了入葬那一天，天气果然晴朗，欧阳修如愿以偿地将父母葬于同穴。

与郑氏一同下葬的，还有欧阳修两位芳年早逝的妻子，她们的墓就在公婆的墓边。安葬好母亲和两位亡妻后，欧阳修指着旁边一处空地说，自己以后也要葬在这里。只可惜他的这个愿望最后却没能实现。

福无双至，祸不单行。就在欧阳修忙于母亲郑氏的入葬事宜时，他的岳母金城夫人也病逝了。欧阳修人在吉州，无法立刻赶去，只得命表弟郑兴宗代为祭奠。

母亲的葬礼结束后，欧阳修便回到颍州家中守丧。在此期间，他极少过问外面的事情，也极少和外人来往。刚刚回到颍州时，得知范仲淹求知颍州，欧阳修还有些期盼，希望范仲淹能早日到达，与他交换心事，促膝长谈。然而天不遂人愿，范仲淹刚到徐州便一病不起，最后病逝于徐州。

得知自己一生追随的人也离开了人世，欧阳修既震惊，又心痛，又惋惜。与范仲淹共事朝堂的日子历历在目，仿佛就是昨天发生的，可回过神来，两人已经阴阳相隔，再也无法相见。

欧阳修知道，范仲淹是带着遗憾而去的，他为范仲淹感到不公，于是提笔写下了《祭资政范公文》。在文中，欧阳修表达了自己对范仲淹高度的认可和崇敬，也表达了自己对毁谤范仲淹的言论的愤慨。他相信“自公云亡，谤不待辨。愈久愈明，由今可见。始屈终伸，公其无恨。写怀平生，寓此薄奠”。

呜呼公乎！学古居今，持方入圆。丘、轲之艰，其道则然。公曰彼恶，谓公好讦；公曰彼善，谓公树朋。公所勇为，谓公躁进；公有退让，谓公近名。谗人之言，其何可听！先事而斥，群议众排。有事而思，虽仇谓材。毁不吾伤，誉不吾喜。进退有仪，夷行险止。

呜呼公乎！举世之善，谁非公徒？谗人岂多，公志不舒？善不胜恶，岂其然乎？成难毁易，理又然欤？

呜呼公乎！易名谥行，君子之荣。生也何毁，殁也何称？好死恶生，殆非人情。岂其生有所嫉，而死无所争？自公云亡，谤不待辨。愈久愈明，由今可见。始屈终伸，公其无恨。写怀平生，寓此薄奠。

——《祭资政范公文》（节选）

接二连三的噩耗让欧阳修彻底无心也无暇去理会其他的事情，于是他不再过问世事，居于家中，过起了单调的生活。

范仲淹的家人知道欧阳修与其关系非同一般，便请欧阳修为范仲淹作碑铭。碑铭之中需对死者生前的德业进行描述，而范仲淹的大多数德业均与“庆历新政”有关，故欧阳修不敢轻易动笔。所以，他当即应下，同时提出自己此时的状态不佳，希望范家多给他些时间，待他仔细斟酌后再作。

守丧的两年里，欧阳修坚持“以孝事亲”、“以学立身”的家训，将全部精力都用于学术研究，用学术上的成就来抚慰心中的痛苦。结合了众多好友的修改意见，欧阳修于此期间终于完成了历时十七年的《新五代史》。

欧阳修最初想要编写《新五代史》，是因为他在读《新唐书》中的《薛史》时，感到其中所记内容烦琐而失真，便有了重撰《五代史》的念头。而后，新政的开展令他这一念头更加强烈，于是一发而不可收拾。

除了《新五代史》，欧阳修还将历年收集的碑帖整理为一本《集古录》，又将已故好友苏舜钦的作品整理成十卷文集，并为其作序。

直到守丧期满，欧阳修才从闭关的状态中走出来。恰在此时，他接到了宋仁宗召他回京的命令，于是他打点行囊，离开颍州。虽然他知道，此次回京，等待他的是官复原职，可是这时的他已没有了当年的那种感激，甚至有些不愿回朝了。

若是早些年，或是欧阳修刚刚被贬，心中还满是激情之时，他或许会因复官而兴奋、激动、喜悦，或许还会对皇帝感恩戴德，称赞皇帝圣明。可是时隔多年，一切都与以往大不相同了。

此时的欧阳修已不年轻，数年之间所经历的种种已经让他疲惫不堪，对于官场他已经有些厌倦了，相比于居朝中要职，他更喜欢这种身在小城安逸清静的生活。可是圣命难违，他不得不放弃眼前这种自在安稳的生活，回到朝中，为朝廷效命。

第三节
须著人间比梦间

在朝廷的再三催促下，欧阳修启程了。酷暑之中出行，让他的心更加烦乱。一路上，他每天都忙着赶路，没能好好休息，到了京城之后，他也来不及休整，直接进宫去觐见宋仁宗。

欧阳修希望宋仁宗能将他派回地方，可是宋仁宗不许，说朝中正需要他这般位居高职却仍敢直言进谏之人。欧阳修无法违抗圣意，只得留在京城，成为一名权判流内铨，负责对中下级文官进行选拔和考绩。

再度回到京城，回到久别的朝堂，欧阳修心中有千般滋味。当初与他同路之人都已经不在了，如今朝堂之中大都是守旧派的官员。这些人对欧阳修的回来并不欢迎，而且极度排斥。

在其职，尽其责。欧阳修一上任便对官吏选拔之事进行了详细的调查，而后他发现，此时人事方面的问题比他早年所见有过之而无不及。朝中为官者大多是权贵子弟，而真正有才能的贫寒士子却只能一年又一年地等待，大好的时光就在等待之中错过了。为了改变这种现状，欧阳修提出应限制权贵子弟入仕，宋仁宗接受了他的提议。

欧阳修的这一提议从极大程度上损害了权贵们的利益，于是权贵们冒用欧阳修之名写了一篇札子，字字针对当朝一些炙手可热的宦官，并提出要彻查这些宦官。权贵们的这一招借刀杀人之法达到了他们预期的效果，果然那些札子中被提到的宦官开始视欧阳修为眼中钉，对他实施了报复。

为了平息众怒，宋仁宗只得免除了欧阳修权判流内铨一职，此时距欧阳修上任还不到半个月。此事令欧阳修心灰意冷，他已经看得很清楚，当初同伴众多，都没能真正实施新政，挽救宋朝，如今只剩下自己一个人，更是无法实现当初的愿望。于是，他的心里又一次生出了离朝之念。

朝中有识之士见状，纷纷向宋仁宗进谏，请宋仁宗不要听信奸佞之人所言，恢复欧阳修的职位。最后，宋仁宗采取了刘沆的提议，以请欧阳修与宋祁等人一并修《唐书》为由，将欧阳修留在了京城。

同年九月，欧阳修被任命为翰林学士，兼任史馆修撰，之后又被赋予管理三班院的权力。可是，即使身兼三职，有皇帝御赐的官服和金带，欧阳修心中的伤痕也无法抚平了。唯一能安慰他的，只有远方好友的理解和劝慰，这些化作文字的关怀让他的心稍微好过了一些。

新年将至时，欧阳修作了二十首《春帖子词》献给皇帝。以往，这种体裁的东西都没有什么实际内容和意义，然而在欧阳修的笔下，它们便有了新的生命和灵魂。

萌牙资暖律，养育本仁心。
顾彼苍生意，安知帝力深。

——《春帖子词二十首·皇帝合六首》

阳进升君子，阴消退小人。
圣君南面治，布政法新春。

——《春帖子词二十首·皇帝合六首》

气候三阳始，勾萌万物新。
雷声初发号，天下已知春。

——《春帖子词二十首·皇帝合六首》

欧阳修将这些原本用于讨好皇帝、粉饰太平的东西变成含警示之意的诗句，宋仁宗读过之后，感到非常有新意，也从中看到了作者的用意，便向侍者询问这些帖子词的作者。当得知作者是欧阳修后，宋仁宗由衷地称赞他“举笔不忘规谏，真侍从之臣也”。

宋仁宗命侍者将欧阳修所作全部帖子词拿来，一一阅读，面露赞赏之色。朝中百官见宋仁宗如此欣赏欧阳修的帖子词，争相阅读，并背诵其中的佳句。

至和元年（1054 年），宰相陈执中的小妾将家中一名婢女殴打致死。陈执中平日不学无术，为官不仁，早已激起民愤。朝中众臣纷纷上奏宋仁宗，希望罢免陈执中，可是宋仁宗舍不得对陈执中施以重罚，漠视台谏，下令停止办案。最后，为了平息群臣的愤怒，朝廷命陈执中在家中思过两个月，以避风头。

见宋仁宗漠视台谏，欧阳修冒死再次进谏，指出宋仁宗刚愎自用，纵容奸佞之臣，即使群臣此时因惧于皇威而敢怒不敢言，总有一天他们也会议论皇帝的所作所为，皇帝在后人心目中留下的形象终将被毁。

欧阳修说，台谏的官员们尽职尽责，所列举陈执中之罪过件件属实，皇帝却置若罔闻，此举对国家无益，希望皇帝明察秋毫，放下私心，给此事一个公正的处理。

欧阳修的这篇谏词并没有让宋仁宗回心转意，看到宋仁宗继续偏袒陈执中，他失望极了，再次请求外任。这一次，宋仁宗同意了他的请求，将他派往蔡州。

殿中侍御史赵抃、知制诰刘敞纷纷上书，请宋仁宗三思，不要允许正人直士引退，否则朝廷失去羽翼，日后情况将危。宋仁宗终于重新考虑了这一问题，并在最后决定将欧阳修官复原职，留在朝中。

欧阳修回朝之后，宋仁宗将陈执中罢免，任命文彦博和富弼为相。起用文、富二人之后，宋仁宗向欧阳修询问起用此二人之后外面的议论如何。欧阳修告诉他，百官们对皇帝此举都称赞不已。宋仁宗很高兴，说自己顺从民意而选了此二人，是正确的。欧阳修见宋仁宗懂得顺应民意，也很欣慰。

欧阳修复职后，仍然一如既往地向皇帝进谏，进谏的目的或是为了顾全君德君威，或是为了体恤民生民力，或是为了净化朝堂，或是为了伸张正义。翻阅史料，我们难以得知宋仁宗是否真的接受了欧阳修的这些意见，并就此采取相应的措施，我们只知道，欧阳修一直在努力，从未真正放弃过。

至和二年（1055 年），契丹国主耶律宗真病逝，新主耶律洪基继位。宋仁宗任欧阳修为贺登宝位国信使，前往契丹恭贺。

前往契丹的路途遥远而艰辛，风沙吹在他的脸上，刀割一样疼。路途的遥远和艰辛，都让欧阳修格外思念家中的妻儿。“无嫌去时速，但愿归时早”，“劝君还家须饮酒，记得思归未得时”。

去的路上，欧阳修有机会路过恩州、滁州等地，与当地的好友们相见，这让他的心情稍微好转了些。遗憾的是，公务在身，他不能过多停留，只能和好友们短暂地相聚，又匆匆地分别。在经历了三个月的颠簸后，欧阳修终于到达了契丹。在这里，他受到了极高的礼遇。

此次出行并无特殊使命，仅仅是为了恭贺耶律洪基登基。任务完成后，欧阳修便动身返回了京城。

返程途中，看到大片本应属于宋朝的疆土落入他国之手，欧阳修不由得有些感慨。他在《奉使契丹初至雄州》一诗中，用“犹去西楼二千里”来表达他对宋朝不断失去国土一事的遗憾之情。

出使契丹途中，欧阳修也没有忘记关心边民的生计。他看到那些居民们身在边境，生活艰苦，却不曾失去斗志，以十足的勇气面对生活，心里非常感动，于是写下了《边户》一诗。在诗中，他描写了边境百姓的生活状况，歌颂了他们的勇敢，也对他们表达了同情。

家世为边户，年年常备胡。儿僮习鞍马，妇女能弯弧。
胡尘朝夕起，虏骑蔑如无。邂逅辄相射，杀伤两常俱。
自从澶州盟，南北结欢娱。虽云免战斗，两地供赋租。
将吏戒生事，庙堂为远图。身居界河上，不敢界河渔。

——《边户》

知道宋仁宗有心治理黄河，于是欧阳修在归国途中特意考察了河北的水利实况。没想到，还没等他回京，宋仁宗便已下令开展六塔河工程。欧阳修见此情形心急如焚，一回到京城，便立刻上书宋仁宗，请求下令停工。

宋仁宗没有听取欧阳修的建议。六塔河完工后，商胡决口被一场春水冲垮，河床南北房屋尽毁，死伤无数。接下来的两个月里，几场大雨又令黄淮流域遭受了巨大的洪灾。欧阳修对此也只能心痛不已，别无他法。

欧阳修一生之中进谏无数，像这样所谏之言不被采纳也有无数次。他也曾因此灰心、失望、心痛过，可难得的是，他的一颗仁心、诚心、忠心始终未变。

第四节

深浅花枝相并时

年华易逝，容颜易老。欧阳修的鬓角出现了丝丝白发，眼角也多了许多皱纹。多年来，他虽然忧国忧民，为国事操劳，可也一直没有忘记自己心中的那个愿望，就是通过科举改革实现文学主张。

多年来，欧阳修一直在寻找与自己志同道合的人，曾经的那些旧人大多已年老体衰，心有余而力不足，还有不少人已经身故，他需要新的力量来协助他。所幸，宋朝人才辈出，不断有才华出众的年轻面孔出现于文坛，给欧阳修带来了希望。

嘉祐元年（1056 年），苏洵携长子苏轼、次子苏辙一起入京。苏洵早年不愿苦读，二十七岁之后开始发奋，后写得一手好文。欧阳修读过其文，深感满意。然而苏洵参试多次，一直不中，也无缘与欧阳修结识。

这一年，苏洵带着托人所写的推荐信和自己的多部论著再次入京，终于有机会与欧阳修相见。欧阳修与苏洵谈兵议政，颇感投缘。欧阳修又读了苏家二子所作文章，均是好文，他甚喜，赞叹道："后来文章当在此。"

欧阳修先向朝廷推荐了苏洵，并随之附上了苏洵的著作，可是没有得到答复。他又请富弼帮忙，结果仍是不了了之。虽然多年之中苏洵一直没能入朝为官，可他的名声早已在京城之内传开了，他所善用的文风也在当时引起了不小的反响。

相比于父亲，苏轼的运气则稍微好一些。在科考当天，他的一篇《刑赏忠厚之至论》让考官们眼前一亮，纷纷称赞这篇文章文风洒脱、论点清晰，是篇难得的佳作。作者能够将儒家仁爱的思想用自己的语言表达出来，又不失质朴自然，实在难得。

在当时，"太学体"风行于文坛，这种文体的特点在于文风险怪艰涩，既无平实质朴之心，又无典雅华丽之形。将这种文体发扬起来的不是别人，正是欧阳修昔日的好友石介。早年间，欧阳修就曾批评过石介那种哗众取宠的怪异文风，可是很明显，石介并没有听取他的建议，反而愈发起劲。

石介有一名学生叫刘几，是"太学派"最出名的学生，也是石介最得意的弟子。其他"太学派"的学生都视他为偶像，争相模仿他的文风。欧阳修却对此深恶痛绝。

嘉祐二年（1057 年），欧阳修被任命为礼部贡举，负责主持当届的礼部考试。任命一下，欧阳修便打定主意，一定要在科考中选拔精英，打破当时“太学体”盛行的局面，让新的文风文体得以崭露头角，为之后的人才培育与公正选拔打开道路。

在审卷时，欧阳修读到一篇非常怪异的文章，文章的最后几句写道：“天地轧，万物茁，圣人发。”欧阳修对其他考官说，这一定是刘几写的，于是在卷上续了“秀才刺，试官刷”，又写上“大纰缪”三个字。

宋朝的阅卷制度与现今相似，考卷上交后，考生的名字都会被遮盖，以免考官与考生串通作弊，失了公平。欧阳修在审卷时看不到考生的名字，但是凭他对太学学生一贯的了解，断定只有刘几才会写出这种晦涩难懂、狗屁不通的文章。后来事实证明，他的判断是正确的，此文确实出自刘几之手。

欧阳修一连批了几篇，都是太学学生们写的不通之作，他有些失望，担心此次科考又没有满意之人。直到读到苏轼的那篇文章，欧阳修才感到一丝欣慰，可是他误以为此文是他的学生曾巩所作，为了避嫌，他决定将这篇文章的作者排在第二名，另选了一名考生为第一名。

放榜之日，欧阳修打开封着的卷头，发现被选为第一名的试卷上写着曾巩的名字，十分愕然。欧阳修从未想过，除了自己的学生曾巩外，还有其他学生能够写出如此具有大家风范的文章。他急忙寻找当初那篇打动了所有考官的文章。找到之后，他才知道这篇惊人之作出自苏轼之手。

按照惯例，中举进士需写信向主考官表示谢意。看过苏轼的信后，欧阳修更加欣赏这位年轻人。在写给梅尧臣的信中，欧阳修说："读轼书，不觉汗出。快哉！快哉！老夫当避此人，放出一头地也。可喜！可喜！"言语之间尽是对苏轼的认同，还有一些敬佩和自愧不如。

欧阳修认为，苏轼将在未来的文坛上掀起一场风潮，成为未来文坛中首屈一指的人物。事实证明，他的预感十分正确。由此事可看出，欧阳修不但有远见，还十分有识人之能。

欧阳修因得才而欣喜，可是"太学派"的那些人却不依不服。他们聚众闹事，制造谣言，称考官们没有认真评判考卷，才会让一些无名鼠辈榜上有名，而让他们这些满腹才学的才子落榜。一些人不但对上榜之人进行辱骂和挑衅，还将一些考官围起来强加指责。

欧阳修作为主考官，更加免不了受到这些人的攻击。有的人愤怒难平，甚至给欧阳修写了祭文，投到了他的家中。五十一岁的欧阳修不惧、不慌、不愁，为了让文体、文风得到改革，他坚守着自己的立场，决不妥协。

此次科考的结果是，所有参加殿试的进士都被赐予了进士及第或同进士出身。苏洵、苏轼、苏辙和曾巩都得到了在文坛上大展拳脚的机会，宋代文学的发展也步入了一个高峰期。

在此阶段，另一个让欧阳修极力提携的人是王安石。曾巩在初向欧阳修推荐王安石时，提到他才学出众、淡泊名利，并给欧阳修看了他所作的文章。欧阳修对王安石非常欣赏，当他知道王安石文采出众，却不喜官位且品性高洁时，心中甚喜。

景祐二年（1035年），十五岁的王安石在《闲居遣兴》中针对当时广西南部的战乱写道："谁将天下安危事，一把诗书子细论？"次年，十六岁的王安石意识到"男儿少壮不树立，挟此穷老将安归"，于是开始谢绝一切应酬，埋头读书。

即使考中进士之后，王安石也宁愿做地方官而不入馆阁，因为他只想像他的父亲一样，多为百姓做实事，这一点与欧阳修也极为相似。朝廷看中王安石之才，两次召他入京，均被他以"家贫口众，难住京师"的理由推辞。直到朝廷第三次召他入京，他才不得不答应。

欧阳修与王安石相识已有数年，只是一直无缘相见。听闻王安石终于来京，欧阳修十分兴奋，有意与他共事，辅佐皇帝，直言敢谏，然而王安石拒绝了他的邀请。欧阳修没有放弃，在他的极力举荐下，王安石很快名满天下。王安石对此心怀感激。

虽然后来因变法一事，欧阳修与王安石在政见上发生了些许矛盾，但是两人的私人情谊从未因此变淡。不得不说，欧阳修以他的人格魅力征服了许多有才之士，为宋朝文化的改革作出了很大的贡献。

第五节

无言敛皱眉山翠

时光一点点地流逝，人一点点地衰老。欧阳修已经很少能收到旧友们的来信了，取而代之的是一封封充满伤情的讣告。繁忙的工作和各种忧思让欧阳修的身体越来越弱，当疾疫侵袭了汴京之后，他也终于因体力不支而病倒了。

身体稍微有些好转后，汴京又迎来了雨季。暴雨连连，欧阳修所住之处地势较低，本就容易被水浸泡，如今年久失修，屋顶也开始漏水。“两夜家人皆戽水，并乃翁达旦不寐。街衢浩渺，出入不得。”

欧阳修一边带领家人清理积水，一边开始考虑换个地方生活。可是这一期望想要实现却并不容易。入京之后，他不止一次向皇帝请命调离京城，可是皇帝都没有批准。

夏季终于过去，之后是秋冬二季。冬季里，欧阳修眼疾加重，视线越发模糊，难以辨别眼前之物，身体其他部分也出现了各种不适。欧阳修以家在吉州，之前因忙乱不曾修葺好父母的墓地，希望回家乡修葺双亲之墓为由请调，朝廷不但没有批准他的调请，还给他增加了官衔，想以这些官衔束缚住他的脚步。

欧阳修不止一次在诗作中表达自己对旧时闲云野鹤般生活的怀念，以及想要归隐田园的心愿。在写给朋友的书信中，他也多次提到自己的现状，以及病痛对他的折磨。

在《与焦殿丞千之》其十中，欧阳修提到："风眩发作，卧不能起。"在《与李留后公谨》其七中，欧阳修写道："某苦风眩甚剧，若遂不止，当成大疾。作书未竟，已数眩转，屡停瞑目。"

在这样的情境下，欧阳修越来越想念当初在滁州的生活，想念那里幽静的山谷、甘甜的清泉；想念山谷中盛开的美丽鲜花、处处可闻的动人鸟鸣；想念当时自己亲手栽下的花木，不知它们如今可安好。

欧阳修感到自己就像一只陀螺，不断地被鞭打，不停地旋转，转得他头晕目眩。嘉祐三年（1058 年），朝廷再次给他加官，命他兼侍读学士。欧阳修坚决不肯接受，以理辩驳，朝廷只得作罢。然而没过多久，朝廷又命欧阳修以龙图阁学士的头衔任开封府尹。

欧阳修此时已经心力交瘁，无力身兼多职，他上奏朝廷，表示此事已超出了自己的能力范围，若是勉强而为，恐怕辜负朝廷所托。当朝宰相富弼和韩琦均是欧阳修的老友，可是他们都没接他的请求，坚持让他担任这一要职。欧阳修无法再拒，只得勉为其难地走马上任。

开封府中多是皇亲国戚，这些人倚仗自己的特殊身份，蔑视朝廷律法，肆意妄为。一般官员碍于他们背后的靠山，不敢严管；还有一些官员知道即使重判，他们也会有办法求得圣旨，免其罪过，于是只得睁一只眼闭一只眼。这样的局面使得那些人更加放纵，为所欲为。

包拯上任后，无论犯罪之人是何身份，一概按照律法处置，不肯宽容半点，这些人才因此有所收敛。包拯任期满后，上任的便是欧阳修。朝廷大抵是看中了欧阳修的正直敢言、刚正不阿，所以才将他安排在这个位置。

一些人以为，欧阳修上任之后，会效仿包拯的做法，或者比包拯还要严厉，然而事实并非如此。欧阳修上任后，依循人情事理，从没有刻意摆出一副公正严明的架势。对于一般的小罪之人，欧阳修酌情处理；对于有大罪之人，欧阳修则不留任何情面。

对于罪犯求旨以免除处罚，以及皇帝时常下圣旨免人罪过的现象，欧阳修采取了一系列措施，如求情圣旨一率无效，求情请旨之人也将受罚，有罪之人亲自请旨则处罚升级等。他认为，只有这样才能严正法纪。

欧阳修尽其全力，将开封府治理得井然有序。然而，繁重的工作使他的身体状况越来越差，多年的眼疾和关节炎也越来越严重。欧阳修感到自己已经严重透支精力，再无力继续胜任此职，于是连上三篇奏札请辞。朝廷最终同意撤去欧阳修开封府尹一职，但仍不允许他离京。

欧阳修一直以来都非常注重对人才的发现和培养，早在多年前，他便对许多学子进行生活和精神上的关怀，鼓励他们再接再厉。他最不愿看到有能之人不得志，满腹卓识才能无处发挥，所以在人才起用方面，他从未掉以轻心过。

嘉祐四年（1059年），宋仁宗亲笔书写“善经”二字赐予欧阳修，命他负责新一轮进士试的考试和判卷。此次判卷过程中，欧阳修抱着彻底将“太学体”的文章清除出文坛的目标，对所有考卷严加审阅。

次年，朝廷举行制科考试，欧阳修与天章阁待制杨畋一起举荐了苏轼与苏辙。苏家二兄弟得知此事后，十分感激，全心备考，终于不负众望，在接下来的考试中榜上有名，苏轼还取得了最高等级第三等。

看到自己欣赏的苏家兄弟都取得了优异的成绩，欧阳修自然欣慰。阅读过二人所作的策论之后，他的心里更是充满喜悦。他在《试笔》一文中写道：“自学者变格为文，迨今三十年，始得斯人，不惟迟久而后获，实恐此后未有能继者尔。”

欧阳修极力推举贤能，不但让许多寒门学子有机会走上仕途，还让朝廷收获了许多人才。在他的努力下，曾巩、章望之、王回等都到了朝廷的重用。除此之外，他还使一些曾有过过失，但知错肯改的杰出人才有了重新出发的机会，是而他们对他格外感激。

曾有一位名为吴孝宗的青年，少年时不知自重，在家乡做过许多错事，令乡人们所不齿，与他身为同乡的王安石、曾巩等人更是不愿提起此人。后来，此人心有悔意，愿改过自新，可是许多官员一听闻他的过去，便对他避而远之，不予理会。

得知欧阳修为人公正，善待学子，不偏不倚，吴孝宗便写信给他，表达了自己强烈的求学之心，并将自己的十多篇文章附信寄予他。欧阳修看过之后，深感此人确有真才实学，同时疑惑为何此人多年来一直默默无名。得知吴孝宗的过去后，欧阳修果然没有看轻他、嫌弃他，而是赞赏了他知错肯改的态度。

欧阳修劝慰吴孝宗，“世所谓君子，何异于众人。众人为不善，积微成灭身。君子能自知，改过不逡巡。”同时他还鼓励吴孝宗，“子既悔其往，人谁御其新？丑夫祀上帝，孟子岂不去”。得到了欧阳修的肯定和鼓励，吴孝宗对自己有了信心。他听从欧阳修的教诲和建议，苦读十年，终于考取了进士第一名。

欧阳修一生识人无数，荐人无数，助人无数。他的识人之眼、荐人之举、助人之心，使得宋朝的历史舞台上涌现出大量才学卓越之人，给宋朝增添了文化力量。

第八章

晚年·辛劳一生终得闲

第一节

不眠特地重相忆

嘉祐六年（1061年）正月，宋仁宗大病，令朝中之人惶恐不安。此时，宋仁宗年过半百，却仍未立储。所有人心中都明白，国不可一日无君，若是宋仁宗突然驾崩，又无新皇即位，朝中必然大乱。于是，一些谏官开始上奏，提议宋仁宗将立皇储一事提上日程。

宋仁宗看过奏章，明白群臣之意，便召近臣商量，欧阳修也在其列。宋仁宗曾有三子，均年少夭折，后将其弟濮安懿王之子赵宗实接入宫中，视为己出。最后，宋仁宗决定立赵宗实为皇子，改名为赵曙。此召一出，人心稍安。

两年后，宋仁宗突然病重，御医们进行了一个月的抢救，却还是无力回天。同年三月二十九日，宋仁宗驾崩。

仁宗之后个性沉稳，立刻封锁消息，召宰辅入宫，商议新帝登基一事。赵曙本就不肯接受皇储的身份，如今让他登基为帝，他更是极度抗拒。几名宰臣只得强行为他戴冠加袍，将其押到朝上，接受文武百官的朝拜。

欧阳修在朝多年，已是老臣，新帝与曹太后对他非常器重和信任。身为宰执大臣，欧阳修在朝廷易代之时挺身而出，不负重望，朝廷对他深表感激，特进阶他为金紫光禄大夫，赐“推忠协谋佐理功臣”。

赵曙（庙号英宗）继位后不久突然患病，精神失常，只得由仁宗之后垂帘听政。仁宗之后如今已是曹太后，虽然她处事冷静，可毕竟是一位妇人，英宗时常因病口不择言，一些宦官又从中挑拨，时间久了，曹太后对宋英宗有了一些误会和嫌隙，有心废立。

曹太后找到欧阳修与韩琦两位老臣，请他们协助她废立。欧阳修深知此事若成，必会天下大乱，于是极力劝说。

欧阳修先称赞了曹太后入宫以来的仁爱和大度，并说朝廷上下皆知曹太后是位仁后，对她敬重有加。曹太后闻之，怒气稍缓。见曹太后态度有所转变，欧阳修又指出立英宗为帝是仁宗的遗诏，身为宰执大臣，不得不从。曹太后默然，废立一事就此作罢。劝解过曹太后，欧阳修又去劝了英宗。两宫不和最后得以平息，欧阳修功不可没。

治平元年（1064 年），英宗身体康复，整个京城为之庆祝。之后，欧阳修代曹太后撰写了《皇太后还政合行典礼诏》。同年五月十三日，英宗亲政。

朝政好不容易得以稳定，欧阳修的家中却不太平。这一年，欧阳修五十八岁，身体状况更加不好，“衰病交攻，心力疲耗”。此外，家中不断有人患病，这也让欧阳修十分焦虑。同年八月，他唯一的女儿也得了重病，不治而故。经历了白发人送黑发人，欧阳修看上去更加苍老了。

治平二年（1065 年），本就体弱多病的欧阳修又患了消渴疾，“渴如鼹鼠之饮河，喘如吴牛之见月”，每日“瘦瘠昏耗，几不自支”。他向朝廷申请降职外调，朝廷不允，于是他只得拖着虚弱的身体勉强出入于朝堂。

欧阳修虽有心为国为民，却始终去不掉身上的文人之气，是而许多人都说他并不适合做宰执大臣。虽然他在职期间为宋朝立下了许多汗马功劳，可同时这些工作对他的身体和精神也造成了极大的伤害。

身心俱疲之时，欧阳修又开始渴望那种隐居田园、安逸雅致的生活。然而事情总是不遂人意，不久之后，朝中针对如何追封英宗生父一事展开了争斗，欧阳修也被迫卷入了这场朝政斗争之中，这一入就是十八个月。待到这场风波真正平息后，欧阳修更加疲惫了。

治平三年（1066 年），英宗再次身患重病，不能言语，欧阳修见状，只得再次出面，帮忙谋划大政。同年底，英宗预感到自己将不久于人世，于是立颍王赵顼为太子。

治平四年（1067 年）正月，英宗驾崩，赵顼登基，是为宋神宗。

英宗逝世，朝臣们理当身着素服，前去吊丧。欧阳修去吊丧时，直接在所穿紫袄外面套上了一件丧服。谁知这一细节被一直对他不满的谏官们看到，谏官们立刻上奏神宗，称欧阳修此举“尤伤礼数”，并因此弹劾他。神宗怜惜老臣，压下了奏章，命欧阳修脱掉紫袍，此事得以平息。

一波刚平，一波又起。二月里，蒋之奇见风使舵，认为欧阳修失去了英宗这座靠山，必然斗不过其他谏官，便不断对他进行言语上的攻击。同时，欧阳修妻子的堂弟薛宗孺因欧阳修不念私情，没有在他有罪时帮他疏通关节使他无罪释放而怀恨在心，制造谣言污蔑欧阳修与长媳吴氏有乱伦之事。

薛宗孺的谣言让蒋之奇找到了攻击欧阳修的理由，于是他一再上奏，请神宗将欧阳修斩首，并暴尸示众。其他一心想要扳倒欧阳修的谏官也一拥而上，可是神宗没有听信他们的谣言，他们的阴谋没能得逞。

欧阳修一生正直，岂容得下一再被人泼污水，何况他已年老体衰，早就无心也无力与朝中那些奸佞之人争斗了,于是一连上呈三表，请求离开朝堂，去外郡为官。神宗理解欧阳修的苦衷，也同情他的遭遇，所以虽有不舍，还是批准了，并允许他在颍州多逗留些时日。

回到颍州后，欧阳修做的第一件事便是在这里买了一处安身之所。值得庆幸的是，他发现守母丧时买下的房子仍然可住，只要稍加修葺和扩建，便是一座不错的可以安享晚年之所，这帮他节省了许多麻烦。想到不久之后，自己便可以在这里过上一直期望的田园生活，欧阳修的心里舒坦了许多。

在颍州停留的日子，欧阳修见到了任颍州知州的陆经，与其饮酒作诗，笑谈人生。从当时欧阳修所作的诗中可以看出，欧阳修的心里已再没有对事业和理想的追求，而是充满了对田园生活的渴望，只是当时他仍有官职在身，想要过上梦中的生活，还需时日。

数日后，欧阳修离开颍州，前往亳州。那也是一座小城，没有繁重的公务，没有喧嚣的官场，有的只是安居乐业的百姓、简单的生活氛围以及适宜的环境。在这里，欧阳修有充足的时间休息，做自己想做的事，于是他一边整理自己多年来的作品，一边等待着任职期满后回到颍州颐养天年的那一天。

第二节

犹似当年醉里声

自嘉祐四年（1059年）起，欧阳修便开始记录一些朝中逸闻趣事。在亳州的日子比较清闲，他便将那些记录都找出来，整理成册，起名为《归田录》。欧阳修称《归田录》中所记载的均是“朝廷之遗事，史官之所不记，与夫士大夫笑谈之余而可录者”，并说作此册的目的只在于“录之以备闲居之览也”。

在《归田录序》中，欧阳修写道：“今既老且病矣，是终负人主之恩，而徒久费大农之钱，为太仓鼠也。”他责怪自己不能继续尽忠于朝廷，如同太仓之鼠。这种说法反而更加说明了他的清廉，若非真正高尚之人，又怎可能有如此反省之语？

《归田录序》作完不久，神宗听说了此事，对《归田录》一书深感兴趣，便派宦官前往欧阳修家中“宣取”。欧阳修忌惮其中一些记录涉及朝事过多，易引起麻烦，于是小心斟酌取舍，又重新填入一些无关大旨的逸闻趣事，最后形成了一本《归田录》的缮写本，呈给了神宗。

亳州的生活让欧阳修的身心都得到了放松和调整，少了繁重的政务，少了复杂的官场，少了小人的陷害，他顿时感到轻松了许多。有了闲暇的时间和悠闲的生活，欧阳修又有了心情去欣赏身边的美景，又有了灵感去创作优美的诗句。

在此期间，欧阳写下了《戏书示黎教授》、《答子履学士见寄》、《寄枣人行书赠子履学士》等诗。在这些作品中，欧阳修描写了亳州的美景，描述了惬意的日常生活，也表达了他在与好友饮酒对诗的过程中感受到的愉悦。

秋来红枣压枝繁，堆向君家白玉盘。
甘辛楚国赤萍实，磊落韩嫣黄金丸。
聊效诗人投木李，敢期佳句报琅玕。
嗟予久苦相如渴，却忆冰梨熨齿寒。

——《寄枣人行书赠子履学士》

正当欧阳修沉浸在安稳的生活之中时，接连而来的几个噩耗让他的心又变得沉重起来。先是好友蔡襄因病去世，而后是他的妹妹病逝。寂静秋夜，望着空中的明月，欧阳修的心中泛起一阵阵悲凉。

仅仅两年，欧阳修为许多好友写了奠文或碑文。谢绛、杜衍、尹洙、范仲淹……当初那些意气风发、为了理想而奋斗不息的人，如今都成为一座座石碑上刻着的名字，寂静得没有一点生气。

想到当初一起畅谈志向的那些好友如今都已在地下长眠，而自己和为数不多的几人还在以一副残老的病躯坚持着，欧阳修不免有些伤感和失落。那些已故之人中，有不少是他一生的知己，世上难寻；有些人虽然与他有过分歧，可毕竟也有过快乐的回忆。他对他们的思念之心从来没有停止过，每当这种心情浮上心头时，他都会感到非常遗憾。

欧阳修一向不信鬼神之说，也不好佛学，早年由于偶得《昌黎先生文集》，欧阳修被韩愈的思想所影响，对佛教一直持反对态度。在《本论》三篇中，他还指出佛教有虚耗民财之弊，对纠正百姓的思想并无实质帮助。然而，经历了无数生离死别之后，他的心里竟然产生了一些变化。

死生的无常既然无法以儒家理论去解释，那么以佛家或道家理论去解释又如何呢？欧阳修开始对佛学和道学有了一丝兴趣，对佛道的态度也变得宽容起来。每逢听说有得道之人，他总会想办法去与对方见上一面。

相传，亳州西境的卫真县是老子的故乡，县的东边有一座太清宫，吸引了许多修道之人前去。一次，欧阳修听说太清宫中来了一位嵩山的老道，于是派人前去，将老道邀请至府上。交谈之中，欧阳修得知老道姓许名昌龄，他的修炼之处正是欧阳修三十年前访过的紫云洞。

欧阳修听得心驰神往，于是作了一首《赠隐者》送给许道人。

五岳嵩当天地中，闻伊仍在最高峰。
山藏六月阴崖雪，潭养千年蜕骨龙。
物外自应多至乐，人间何事忽相逢。
饮罢飘然不辞决，孤云飞去杳无踪。

他还送给许道人一些龙团苍壁名茶，所以在诗中写道："饮罢飘然不辞决，孤云飞去杳无踪。"许道人临行前，欧阳修又送诗数首，并在其中一首诗中表达了自己想要随许道人前去石洞栖身的想法。

与得道之人的接触让欧阳修的心情渐渐平静了下来，虽然他对他们所言之事并不尽信，但有些观点还是能让他的心豁达一些，少一些忧伤。他在《感事四首》中写道："人生不免死，魂魄入幽都。仙者得长生，又云超太虚。"从这四句诗中，可以看出他对人的生死已经有些看开了。

一年的任期将至，欧阳修满心希望自己可以就此告别官场，回到颍州养老，然而在他接连五次向朝廷表达了自己有意致仕的期望后，朝廷却将他派往了青州，任兵部尚书，充京东东路安抚使。

虽然此前欧阳修便已在表中陈述自己"风霜所迫，鬓发凋残。忧患已多，精神耗尽。加之肺肝渴涸，眼目眊昏"，又说自己"双瞳虽存，黑白才辨”，可是这些陈述并没有使朝廷放他归田。欧阳修再三上表，请求辞免，可朝廷仍然不予批准，他的希望又一次破灭了。

欧阳修到达青州后，受到了当地百姓的热烈欢迎，可是他却一点也开心不起来。看到一名猎户献给他的驯鹿时，他的心里突然产生了一种同病相怜的感觉，仿佛自己就如那只驯鹿一般，一心向往自由自在的生活，却被人强行带离山林，束缚住了手脚。

在《驯鹿》一文中，欧阳修写道：

朝渴饮清池，暮饱眠深栅。惭愧主人恩，自非杀身难报德。主人施恩不待报，哀尔胡为网罗获。南山蔼蔼动春阳，吾欲纵尔山之傍。岩崖雪尽飞泉溜，涧谷风吹百草香。饮泉啮草当远去，山后山前射生户。

在青州的日子，欧阳修励精图治，将青州治理得井井有条，因此深受百姓爱戴。但他也知道，凭自己此时的身体状况，能做到这般程度已经不易，他已不再苛求自己将一切做到尽善尽美，但心中还是时常会感到自己不够称职，没能让此地百姓的生活变得更好。

唯一能够让欧阳修感到安慰的是，青州民风淳朴，“年时丰稔，盗讼稀少”，他不需要耗费太多的时间和精力，可以在此养病调理，也可以对《新五代史》进行修改和考订。此外，他还可以从事他所喜欢的文学创作，只是这些创作中总是带有一点遗憾。

欧阳修在青州写过不少描写闲适生活的诗，初读这些诗，仿佛能够看到他在此地生活得很悠闲、很舒适，但细细推敲，便会发现这些诗中都隐藏着一些不适，那些表面上的悠闲也并不是真正的悠闲。

欧阳修时刻都在希望朝廷能够早日批准他的辞呈，让他回到颍州，彻底离开官场和公务，过他想要的安定生活，所以才会写下“何时粗报君恩了，去逐冥冥物外鸿”的诗句。

第三节
鬓华虽改心无改

人的年纪一大，就难免会变得喜欢追忆，喜欢感慨，喜欢怀念过去美好的时光，以及曾陪伴自己走过风雨的那些人。眼看着儿女们一天天长大，有了自己的家庭和孩子，而自己却在一天天老去，人们的心中总会不由得怀念起自己的父母，那种感情也越发地深刻。步入老年的欧阳修也会时常想起自己的父母，虽然父亲在他很小的时候就已经过世，可在母亲的讲述中，他觉得父亲仿佛一直陪在他的身边。

欧阳修一生为许多人写过祭文和碑文，自然也会为家人作碑文。早年间，欧阳修曾为父亲作过一篇《先君墓表》，由于父亲过世时欧阳修年仅四岁，所以有关父亲的大部分生平他都是从母亲郑氏口中得知的。在文中，他引用了母亲的话，对父亲的一生做了一个总结："汝父为吏廉，而好施与，喜宾客；其俸禄虽薄，常不使有余。曰:‘毋以是为我累。’”

欧阳修从母亲口中得知，父亲去世时，家中“无一瓦之覆，一垄之植，以庇而为生”，然而母亲了解父亲，知道父亲最在意的事情便是他可以平安成长，进而成才，所以母亲将一生的心血都用于抚养和教育欧阳修。欧阳修的这种写法不但写出了父亲的清廉和乐善好施，也写出了母亲的贤良。

这篇碑文一碑双表，一方面歌颂了父亲的为官清廉、为人正直，另一方面歌颂了母亲的贤良淑德、安贫乐道，被人们视为“千古至文”。

虽然年事已高，欧阳修却仍然谨记母亲对自己的教诲，为事谨慎，作文也如此。每次作文之前，无论文章篇幅长短，他都会先打好草稿，然后再誊抄一遍，连只有一二十字的小柬也不例外。

离朝外任的日子里，欧阳修时常会将自己早年所写的文章拿出来修改。他的妻子心疼他太辛苦，却也知他性格倔强，于是半开玩笑地劝他，何必那么仔细，都这把年纪了，难道还怕写得不好被先生责骂？欧阳修却说：“不怕先生骂，却怕后生笑！”

对待文章尚且如此，对待父母的碑文，欧阳修更是用心。晚年，他将早年间写的《先君墓表》进行修改，一字一句都用心斟酌，然后重命名为《泷冈阡表》，刻于父母墓碑之上。后人将修改前后的两篇碑文进行对比，发现其中的改动之处虽然不多，但每一处改动都可见其心血。

修不幸，生四岁而孤。太夫人守节自誓；居穷，自力于衣食，以长以教俾至于成人。太夫人告之曰：汝父为吏廉，而好施与，喜宾客；其俸禄虽薄，常不使有余。曰：“毋以是为我累。”故其亡也，无一瓦之覆，一垄之植，以庇而为生；吾何恃而能自守邪？吾于汝父，知其一二，以有待于汝也。自吾为汝家妇，不及事吾姑；然知汝父之能养也。汝孤而幼，吾不能知汝之必有立；然知汝父之必将有后也。吾之始归也，汝父免于母丧方逾年，岁时祭祀，则必涕泣，曰：“祭而丰，不如养之薄也。”间御酒食，则又涕泣，曰：“昔常不足，而今有余，其何及也！”吾始一二见之，以为新免于丧适然耳。既而其后常然，至其终身，未尝不然。吾虽不及事姑，而以此知汝父之能养也。汝父为吏，尝夜烛治官书，屡废而叹。吾问之，则曰：“此死狱也，我求其生不得尔。”吾曰：“生可求乎？”曰：“求其生而不得，则死者与我皆无恨也；矧求而有得邪，以其有得，则知不求而死者有恨也。夫常求其生，犹失之死，而世常求其死也。”回顾乳者剑汝而立于旁，因指而叹，曰：“术者谓我岁行在戌将死，使其言然，吾不及见儿之立也，后当以我语告之。”其平居教他子弟，常用此语，吾耳熟焉，故能详也。其施于外事，吾不能知；其居于家，无所矜饰，而所为如此，是真发于中者邪！呜呼！其心厚于仁者邪！此吾知汝父之必将有后也。汝其勉之！夫养不必丰，要于孝；利虽不得博于物，要其心之厚于仁。吾不能教汝，此汝父之志也。修泣而志之，不敢忘。

自先公之亡二十年，修始得禄而养。又十有二年，烈官于朝，始得赠封其亲。又十年，修为龙图阁直学士，尚书吏部郎中，留守南京，太夫人以疾终于官舍，享年七十有二。又八年，修以非才入副枢密，遂参政事，又七年而罢。自登二府，天子推恩，褒其三世，盖自嘉祐以来，逢国大庆，必加宠锡。皇曾祖府君累赠金紫光禄大夫、太师、中书令；曾祖妣累封楚国太夫人。皇祖府君累赠金紫光禄大夫、太师、中书令兼尚书令，祖妣累封吴国太夫人。皇考崇公累赠金紫光禄大夫、太师、中书令兼尚书令。皇妣累封越国太夫人。今上初郊，皇考赐爵为崇国公，太夫人进号魏国。

——《泷冈阡表》（节选）

欧阳修在青州安稳度日，朝中却渐渐变得不平静。神宗年轻气盛，有意扭转国库空虚的局面，以图富国强兵，开创新的盛世。他听闻朝中几位元老都参与过曾经的“庆历新政”，于是向他们讲述了自己的计划。

令神宗失望的是，元老们早已失去了从前的那种勇锐，变得老成沉稳，他们对他的计划不但不支持，还纷纷劝他三思。富弼劝他“当先布德泽，愿二十年口不言兵”，司马光则劝他先修身而后治国。

神宗感到很失望，决定起用一些年轻的新人来协助他完成大业，就在这时，王安石进入了他的视线。

早在仁宗当政时，王安石便提出过“变更天下之弊法”的主张，并在地方实施过实验性的改革。治平四年（1067年），刚刚即位的宋神宗因久仰王安石之名，将其召入宫中，任翰林学士兼侍讲。王安石在与神宗讨论政事时，时常能够提出令神宗满意的建议，其观点也比较新颖，这使神宗对他更加欣赏。

熙宁元年（1068年），神宗向王安石说明了自己的想法，问他有何建议，王安石提出“治国之道，首先要确定革新方法”，并建议神宗效法尧舜，简明法制。神宗见王安石在此问题上与自己观念一致，十分激动。王安石对神宗说：“大有为之时，正在今日！”神宗听了，颇受鼓舞。

熙宁二年（1069年），神宗不顾元老们的反对，大胆起用王安石，任其为参知政事，主持变法事宜。王安石接到任命后，首先提出要改变风俗，确立法度。在神宗的高度支持下，“熙宁变法”开始。由于此次变法主要由王安石发起和负责，所以史上又称其为“王安石变法”。

王安石雷厉风行，勇往直前，在成立了新机构的同时，对旧的机构进行了大刀阔斧的改革，使它们成为为变法服务的机构。元老们反对的呼声越来越高，可是这些都阻止不了神宗和王安石变法的决心。新法颁布后，王安石提拔了许多新人，扩充了参与变法人员的队伍，新法的推行更加迅猛。

不出一年，朝中便形成了界线分明的两派，一派支持变法，一派反对变法。随着变法的开展，两派之争也日益激烈。远在青州的欧阳修得知此事，并没有像其他元老一样立刻提出反对意见，而是冷眼旁观着这一切，毕竟王安石想要达到的目标，与他当年想要达到的是相同的，那便是富国强兵。

欧阳修也知道，王安石太过年轻，举动太过激烈，在有些方面考虑得欠妥，可是纵横官场数十年，经历了无数风雨，欧阳修已经累了，对于他而言，与其和革新派发生正面冲突，不如静观其变。所以，当他的旧故向他求助，问他如何驳倒王安石时，他只回答“不复敢措意于其间”。

王安石的变法开展一段时间之后，确实收到了很好的成效。熙宁二年，王安石推行了“青苗法”，改变了“遇贵量减市价粜，遇贱量增市价籴”的做法，使朝廷的财政收入迅速增加，国库变得丰盈，神宗十分喜悦，可是百姓却苦不堪言。

欧阳修对王安石的政绩也表示认可，但他不认可的是他所采取的只重“国计”而不重“民生”的手段。王安石为了实施改革，颁布了许多苛酷政令，在欧阳修看来，他的手段过于激烈，所谓“天下之事，牵一发而动全身”，王安石若是继续如此，定会影响百姓的生计。于是，他终于不再沉默。

欧阳修对地方行政进行了调查，并对“青苗法”的实施和具体情况进行了了解。之后，他向朝廷递上了一篇札子，指出“朝廷新制俵散青苗钱以来，中外之议，皆称不便，多乞请罢”。

欧阳修建议取消百分之二十的利息，暂停对特别困难的百姓发放青苗钱，以及确保百姓自愿贷款。建议递交上去后，朝廷没有作出相应的回应。眼看秋天将至，新的一轮青苗钱又要开始发放，欧阳修二度上札，为民请命。为了解除农民的包袱，他私自停止发放当地的青苗钱。

欧阳修的做法在当时犯了朝廷的大忌，朝廷念在他是三朝元老且年老体弱，没有给予重罚，只是口头上进行了责备和批评。欧阳修承认了自己的错误，但仍然坚持指出“青苗法”的种种弊端，至于王安石推行的其他法令，只要不碍民生，他便不予指责。

在此之前，担任宰相一职的曾公亮到了致仕之龄，神宗有意任欧阳修为下一任宰相，于是就此事与王安石商量。王安石起初赞成欧阳修为宰相，所以神宗将欧阳修与其他候选人比较，王安石皆言欧阳修要胜出其他人许多。然而“青苗法”一事之后，王安石意识到欧阳修与他不是同路人，便不再赞成他出任宰相一事。

事实上，即使王安石不反对，欧阳修也不会真的出任宰相一职。此时的他已对官场十分厌倦，只想退隐颍州，安度晚年。

第四节

笙歌散尽游人去

熙宁三年（1070年），神宗在欧阳修连递六道札子后，同意将他派往蔡州。蔡州与颍州相邻，如此一来，欧阳修便离他想要退隐之所更近了。就职前，欧阳修回到颍州的家中小住，坐在窗明几净的房间里，他感到非常踏实和安心，他已经多年未曾有这般感觉了。

虽然足疾让欧阳修难于行走，可他并不介意，能够在颍州小住，对他而言已经十分好了。这一个多月里，他一边养病，一边整理之前在亳州和青州所作的诗作。在这些诗作中，有十七首均表达了他思念颍州之情，于是他将这十七首诗挑出来，编成了《续思颍诗》。

翻阅着自己的旧作，欧阳修不由得感叹时光过得太快，于是他撰写了《续思颍诗序》："盖自南都至在中书十有八年而得十三篇，在亳及青三年而得十有七篇，以见余之年益加老，病益加衰，其心渐短，其心渐迫，故其言愈多也。"

在《续思颍诗》的结尾，欧阳修署上了“六一居士”的落款，这是他早在治平三年（1066年）便已为自己取好的别号。在《六一居士传》中，欧阳修对这一别号做了解释：“吾家藏书一万卷，集录三代以来金石遗文一千卷，有琴一张，有棋一局，而常置酒一壶。”“以吾一翁老于此五物之间，是岂不为六一乎？”

有人说，世上最长情的爱是陪伴。在漫长的岁月里，书、金石遗文、琴、棋和酒便给予了欧阳修最长情的爱，它们时时陪伴在他身边。当他被贬于偏远之地时，书卷和金石遗文为他的生活添了几分色彩；当他不被人理解而孤寂难耐时，琴和酒安抚了他受伤的心灵；当他与知己相逢时，酒和棋则是他们的助兴之物。

对于欧阳修来说，人生暮年，有友相伴，一起饮酒对弈，或独自一人临帖阅卷，都是难得的美事。其美便美在他可以真正地放松，享受宁静。

一个多月很快就过去了，欧阳修去蔡州上任的日子也要到了。虽然上任之地是陌生的，可一想到颍州就在上任之地不远处，欧阳修的心就安了。

在蔡州，欧阳修本可偷安，可当他看到百姓频频因新法的实施而苦恼后，他还是没有办法坐视不理了。在写给韩琦的信中，欧阳修提到，“某昨蒙上恩……得蔡如请。土俗淳厚，本自闲僻；日生新事，条目固繁，然上下官吏，畏罚趋赏，不患不及”。

欧阳修十分羡慕韩琦荣归之后的生活，在《休逸台》一诗中，他这样描写韩琦：“清谈终日对清樽，不似崇高富贵身。已有山川资胜赏，更将风月醉嘉宾。”

虽然羡慕韩琦的生活，欧阳修的脑中却从来没有过偷安的念头。在他的心里，只要为官一天，就要尽职尽责一天。无论官职大小，无论是否得朝廷赏识，无论是否自愿上任，只要是职责所在，他必然会全力以赴。

对于欧阳修来说，若是因自己的能力不足而无法尽职，他宁可辞去不做，也不愿在其职而无法尽其责。正因如此，为官四十年，欧阳修总是忙于公务，把自己弄得疲惫不堪。

在蔡州半年，欧阳修感到自己的身体每况愈下，于是又上表请辞。不巧的是，此时神宗正忙于应对西夏的入侵，顾不上处理欧阳修的辞呈。欧阳修也知道国事最大，所以虽然心急，却也没有多加催促，直到边境局势稍有缓解，他才再次上表。

熙宁四年（1071 年）六月，欧阳修终于如愿以偿，以太子少师、观文殿学士致仕。接到朝廷的诏命后，欧阳修喜出望外，归心似箭，奈何暴雨连连，交通被阻断，他只得在蔡州多待了数日。待到暴雨一住，交通一恢复，他便立刻带上早已整理好的行李，直归颍州。

退出了一团混乱的官场，欧阳修感到无比轻松。回到颍州，回到那座风光美丽、民风淳朴的小城，欧阳修感到自己终于又能够自由地呼吸了。从此，这里不再只出现在他的梦中，让他可望而不可即。在颍州的怀抱里，欧阳修找到了安全感。

人事从来无定处，世途多故践言难。

谁如颍水闲居士，十顷西湖一钓竿。

——《寄韩子华》

欧阳修用这样的诗句来解释，久居官场并非他心所愿，只是不得已而为之，他真正喜欢的还是后两句所描写的那种生活。回到颍州后，无论出门或是在家中，他都时常穿着一身道服，有如得道仙人般。

西湖仍是欧阳修最爱去的地方，他的十首《采桑子》都是以西湖为题所作。

何人解赏西湖好，佳景无时。飞盖相追。贪向花间醉玉卮。

谁知闲凭阑干处，芳草斜晖。水远烟微。一点沧洲白鹭飞。

——《采桑子·何人解赏西湖好》

一年四季，每一时节里的西湖都是那么美，让人流连忘返。欧阳修有时泛舟湖上，感受风经过湖面，再掠过他脸庞的凉爽；有时漫步湖边，看湖中的波光粼粼和岸树的倒影。

无风时，西湖的湖面如同一块晶莹光滑的琉璃，船行驶于其中，竟然感觉不到移动。细细看去，才发现船身下微微泛动着涟漪。栖息在湖边的沙禽被惊飞，纷纷向远方飞去。

隐退之后的生活让欧阳修颇感享受，他在《退居述怀寄北京韩侍中二首》中写道：

书殿宫臣宠并叨，不同憔悴返渔樵。
无穷兴味闲中得，强半光阴醉里销。
静爱竹时来野寺，独寻春偶过溪桥。
犹须五物称居士，不及颜回饮一瓢。

苏轼曾在欧阳修归隐颍州后前去拜访这位恩师。在那里，他看见的是一位“眉宇秀发如春峦。羽衣鹤氅古仙伯，岌岌两柱扶霜纨”的老者，虽然两鬓斑白，气色却十分好，“谓公方壮须似雪，谓公已老光浮颊”。

欧阳修唯一的遗憾就是此处已没了他的朋友。早些年间，这里还有精于史传姓氏之学的王回和对《春秋》极有研究的常秩。可是王回没能等到欧阳修回来，便已经离开了人世。对此，欧阳修心里感到十分痛惜。

常秩尚在人世，可就在欧阳修回去之前，他接到调令，离开了颍州，短期内无法回去。没有好友相伴，有酒只能自己饮，有诗只能自己吟，欧阳修在精神上感到了一丝寂寥。于是，他只得写信给远方的朋友，用文字抒发自己的孤单心情。可是，随着年纪的增长，能够与他鸿雁往来的人也渐渐地少了。

忙碌时想要清闲，可是突然之间闲了下来，又未免过于冷清，欧阳修初回颍州时，便经历了这样的情感落差。还好，时光如水，冲淡了他的烦忧，过了一段时日，他便重新适应了这样的生活，享受起这种悠闲自在来。

第五节
去年绿鬓今年白

熙宁四年（1071 年）九月，苏轼与苏辙前往颍州探望欧阳修。得知两位高徒要来探望自己，欧阳修十分高兴，急忙吩咐人准备酒菜，准备与两位高徒畅饮一番。此时的欧阳修已然老态龙钟，头发全白，耳聋眼花，可是见到苏轼和苏辙后，他的眼中立刻闪出了喜悦的光芒，精神也一下子好了许多。

苏轼和苏辙的到来让欧阳修冷清的院子里多了几分生气。细心的苏轼看得出，欧阳修的身体状况已经很不好，所以他尽可能多地陪伴在欧阳修身边，以解他的孤单寂寞，并时常妙语连珠，引得他开怀大笑。

一次，欧阳修与苏轼谈起用药之事。欧阳修说，从前有医生在对待因乘船时遇风受惊而病的病人时，会从船舵被汗浸染之处刮下些碎末，与丹砂、茯苓等一并煎了，命病人服下。病人服下后，病症全消，甚是奇妙。

苏轼闻之，玩笑道，若此法当真有效，那么想要治疗那些昏庸懒惰之人，只要给他们服下一些由笔墨烧成的灰烬即可；想要治疗那些贪官，只要给他们喝伯夷的洗脸水即可；想要治疗那些奸佞之人，只要让他们吃比干吃剩下的饭即可……苏轼一连举了许多类似的例子，逗得欧阳修大笑不止。看到欧阳修开心的样子，苏轼心里也好受了许多。

在苏轼和苏辙的陪伴下，欧阳修又一次来到了西湖。秋风瑟瑟，湖边的草木已经枯萎了，不过芙蓉和晚菊还开得很灿烂。苏轼插花起舞，为欧阳修送去迟到的生日祝福，欧阳修十分感动。

苏家兄弟祝恩师福寿绵延，然而欧阳修却称自己“已将寿夭付天公，彼徒辛苦吾差乐”。已过花甲之年的欧阳修看得很开，他知道自己一直体弱多病，说不定哪一天就会离开人世，所以他不在意自己的生命会在何时结束，只想在有生之年好好地生活、平静地生活。

欧阳修用豁达的诗句表达了自己的心态，苏轼听了，有羡慕，也有不忍。当听到欧阳修对他说要将文坛的发展托付予他时，苏轼心中没有惊喜，只有难过。他知道，欧阳修是在托付后事，这也说明欧阳修自知时日无多了。于是他接连跪拜两次，应下了欧阳修的嘱托。欧阳修感到很欣慰，脸上露出了满意的神色。

神宗也没有忘记远在颍州的欧阳修，祭祀大典在即，神宗下旨，命欧阳修一同出席。可是，欧阳修对此类祭典没有一点儿兴趣，在他看来，这种祭典只不过是劳民伤财，对民生和国计没有一点儿作用。于是，欧阳修以身体欠佳、不便远行为由推辞，神宗知道欧阳修身体不好，也没有勉强他。

苏轼与苏辙离开后，欧阳修的家中又只剩下他与那“五一”之物。少了谈天之人，欧阳修便将时间和精力用于编写《诗话》，这是汉族文学理论史上第一部以“诗话”为名的著作，由于是欧阳修所作，所以也被后人称作《六一诗话》、《六一居士诗话》、《欧公诗话》、《欧阳永叔诗话》、《欧阳文忠公诗话》等。

欧阳修在此书中主张“事信”，即艺术也应具有与生活相同的真实性。欧阳修认为，诗歌不应该仅仅是一种艺术表达，也应该具有史传著作之用。另外，他还主张在言语方面精工细琢，避免过度修饰，以及在处理言与意、事理与好句的关系时，要注意“意新语工”。

熙宁五年（1072年）三月，好友赵概从南都前来拜访，欧阳修为其接风，并邀请吕公著一起参加，冷清许久的小院又热闹了起来。交谈之中，想起二人从初识时的互不理会到现在的相谈甚欢，欧阳修与赵概都不由得笑了，同时也感慨时光匆匆，一转眼他们都已不再年轻。赵概离开时，二人相约来年再聚，却不知这一别竟成了二人的永别。

六月二十一日，欧阳修在家人的陪伴下度过了六十六岁寿辰。按照常理，六十六岁是大寿，应当大行操办，可是欧阳修一向从简，而且身体欠佳，所以只有他的家人出席了他的生日宴会。他的亲家兼好友吴充从京城寄来厚礼一份，令他非常感激。

七月，《居士集》五十卷终于编定。次月，欧阳修旧病齐发，无法起身。欧阳修的家人焦急万分，急忙请大夫来为他诊治，欧阳修本人却淡定得很。欧阳修早知道自己会有这么一天，也早将生死置之度外，回想自己的一生，他感到此生已无憾。

欧阳修平静地将四个儿子叫到床前，看着他们悲伤的神情，平静地安慰他们不要难过。他交代儿子们："韩公与我一生相知，出处进退，无不了然。我死之后，就请韩公为墓志铭。"儿子们连连点头答应。

看到儿子们应了下来，欧阳修松了口气，仿佛又看到了西湖美景，看到了那湖边盛开的鲜花，以及来往的游人。他向儿子们要来纸笔，用最后的力气在纸上写下了四句诗：

冷雨涨焦陂，人去陂寂寞。
惟有霜前花，鲜鲜对高阁。

这四句诗也成了他一生的绝句。熙宁五年（1072年）闰七月二十三日，六十六岁的欧阳修病逝于颍州家中。远在京城的宋神宗得知他的死讯，为之休朝一日以示悼念。他的好友们得知这一消息之后，都很心痛，纷纷作文以悼念这位伟大的文学家和政治家。

苏轼身在杭州，离颍州较远，没能及时赶到恩师身边，"匍匐往救”，令他深感惭愧。他的弟弟苏辙身在陈州，离颍州较近，于是匆匆赶去，在欧阳修的灵堂之上致了祭文。

八月十一日，朝廷赐欧阳修“太子太师”之衔。欧阳修为宋朝奉献了大半生心血，终于可以永远地清闲了。

在为其母下葬后，欧阳修曾指着母亲墓边的空地说，自己以后要葬在此处。然而，按照北宋规定，身为朝廷大臣的他只能葬于汴京周围五百里范围之内。于是，他的妻儿将他的灵柩护送至开封府新郑县旌贤乡刘村，盖棺立碑。碑上如欧阳修所愿，是韩琦亲笔写的祭文。

时光飞逝，岁月如梭，转眼间，近千年过去了，这位伟大的文学家虽然永埋于黄土，但他的品格却在世上永存，影响了一代又一代的后人。他的事迹和作品流传在这个世界上，为世人所赞颂。

后记

神宗熙宁五年（1072年）闰七月二十三日，一代文坛大师欧阳修长眠于地下，谥号文忠。他的死，令无数人为之惋惜。

王安石评价其曰："如公器质之深厚，知识之高远，而辅学术之精微，故充于文章，见于议论，豪健俊伟，怪巧瑰琦。其积于中者，浩如江河之停蓄；其发于外者，烂如日月之光辉。"

苏轼评价其曰："论大道似韩愈，论事似陆贽，纪事似司马迁，诗赋似李白。"

欧阳修其人虽然离开了这个世界，可是他却为后人留下了太多太多。他的生平，耐人寻味；他的著作，引人研究。

后人们评价欧阳修时，称他为"奠基了宋代文化盛世基础之人"，此言一点也不夸张。欧阳修将词的抒情功能发挥到了极致，也将词在审美领域开拓出了一片新天地。他将自己的性格充分体现在诗词作品之中，让后人每每读到他的作品，都能在恍惚之间看到他当年的模样。同时，他那种对人生乐观、洒脱的态度，也激励了许多人，令他们燃起了对生活的希望。

欧阳修所开创的文风，在他死后得以延续，许多读书人纷纷效仿，并将其发扬光大，使宋朝的文坛形成一派新气象。抛开注重文学性的作品，欧阳修所编的《集古录》、《新五代史》等书集也在历史上产生了重要影响。

欧阳修生前喜于推举贤才、提携贤士，一生之中帮助了许多贫寒学子，令他们有机会将自己最闪亮的一面展现在世人面前。这些人也如欧阳修一样，淡泊名利，无欲则刚，却同样在之后的历史舞台上展示了出色的表演，影响了一代又一代。

今世之人研究欧阳修时，都会怀着一颗崇敬之心，一边仔细重温他的生平，一边细致研究他的作品。他给后人留下的，绝不仅仅是冰冷的、没有生气的文字，而是无法用语言尽述的、无形的财富。